CONHECER
PARA SER

Angela Maria La Sala Batà

CONHECER
PARA SER

Tradução
PIER LUIGI CABRA

EDITORA PENSAMENTO
São Paulo

Título do original:
Conoscere per Essere

Copyright © 1995 by Angela Maria La Sala Batà.

Edição	Ano
1-2-3-4-5-6-7-8-9	97-98-99-00

Direitos de tradução para a língua portuguesa
adquiridos com exclusividade pela
EDITORA PENSAMENTO LTDA.
Rua Dr. Mário Vicente, 374 – 04270-000 – São Paulo, SP
Fone: 272-1399
que se reserva a propriedade literária desta tradução.

Impresso em nossas oficinas gráficas.

Sumário

Capítulo 1. Conhecer e ser: as duas asas da realização.   7

Capítulo 2. O que é o esoterismo. 16

Capítulo 3. Religião e esoterismo. 27

Capítulo 4. A unidade da vida (aspecto teórico). 37

Capítulo 5. A unidade da vida (aspecto da formação
e da realização pessoal) 45

Capítulo 6. A lei da evolução (aspecto teórico) 54

Capítulo 7. A lei da evolução (aspecto da formação
e da realização pessoal) 64

Capítulo 8. A lei da reencarnação (aspecto teórico) 73

Capítulo 9. A lei da reencarnação (aspecto da formação
e da realização pessoal) 83

Capítulo 10. A lei do karma (aspecto teórico). 94

Capítulo 11. A lei do karma (aspecto da formação
e da realização pessoal) 103

Capítulo 12. A lei dos ciclos à luz da consciência 116

Capítulo 13. O grande ímã ou a lei da atração 124

Capítulo 14. O caminho da experiência direta. 132

Capítulo 15. Da consciência à felicidade 141

Bibliografia 151

Capítulo 1

CONHECER E SER:
AS DUAS ASAS DA REALIZAÇÃO

*"O conhecimento é como o ouro: deve ser
fundido, martelado e depois usado
como um ornamento."*

Trungpa

Para atingir a realização pessoal o homem deve se desenvolver ao longo de duas linhas: a do conhecimento e a do ser ou da consciência.

No início do seu caminho evolutivo, todavia, essas duas linhas surgem separadas, a ponto de dar vida a duas modalidades, a dois temperamentos diferentes: o temperamento intelectual-cognitivo e o temperamento intuitivo-psicológico, ou seja, o homem é levado a criar uma experiência e a desenvolver a consciência. Poderíamos dizer que o primeiro representa o tipo ocidental e o segundo, o tipo oriental.

Tomadas separadamente, porém, essas duas modalidades são incompletas e manifestam os seus respectivos limites, já que: "...se permitimos que o conhecimento supere o nosso *ser*, o resultado será que conheceremos na teoria aquilo que deveríamos fazer, mas jamais seremos capazes de fazê-lo;

ao passo que, se fosse o nosso ser que se distanciasse do conhecimento, então nos encontraríamos na posição das pessoas que adquiriram novos poderes, mas não têm a mínima noção de como empregá-los." (De *L'insegnamento di Gurdieff*, de K. Walker, p. 29.)

De fato, para se realizar em sua totalidade, o homem tem necessidade de ambas as modalidades fundidas entre si, integrando-se e completando-se reciprocamente; só assim a mente será levada a ser o verdadeiro instrumento de conhecimento e ao mesmo tempo de expressão da consciência do Ser que é o Eu.

A essa altura, é preciso deixar claro que o conhecimento ao qual nos referimos nesse contexto é sobretudo o das leis e dos princípios do esoterismo, que constituem a base necessária para um trabalho sério de auto-realização espiritual. E é justamente esse tipo de conhecimento que necessita, mais do que outros, da colaboração da consciência; isso porque os argumentos e os princípios nos quais se fundamenta não são noções intelectuais ou elucubrações filosóficas, mas verdades "vivas", leis universais e eternas que, mesmo não existindo ainda condição de comprová-las cientificamente, podem ser verificadas por meio da experiência direta, pois contêm uma força propulsora, um dinamismo, um poder transformador e evolutivo que cada um de nós pode descobrir e utilizar.

Quando conseguimos fazer isso, o conhecimento teórico se transforma em consciência, influencia a nossa maneira de viver, de ver as coisas, muda o nosso caráter e, sobretudo, desperta o nosso ser profundo, fazendo com que pouco a pouco ele se manifeste.

Já o conhecimento puramente teórico não tem esse poder transformador, não permite evoluir; ao contrário, pode se tornar um pesado fardo, uma espécie de lastro que impede a evolução do homem.

Sri Aurobindo diz: "Os nossos conceitos intelectuais são obstáculos no caminho do conhecimento... O estado de conhecimento que a ioga prevê não é uma simples concepção intelectual nem um claro discernimento da verdade... É uma realização no pleno sentido da palavra." (De *La Sintesi dello Yoga*, Vol. II, pp. 23-24.)

Para poder alcançar esse objetivo, o homem deve compreender qual é o verdadeiro e correto uso da mente e torná-la receptiva e aberta à consciência. Ela revelará, então, o seu poder de "ver" realmente a verdade, aquela que Sri Aurobindo chama de "conhecimento-visão".

No início da sua busca, todavia, o homem não sabe unir o conhecimento à consciência, não sabe proceder paralelamente ao longo das duas linhas, do conhecer e do ser, e segue uma ou outra separadamente, dependendo do seu temperamento e das suas tendências inatas.

Se é levado à linha do ser, pode não ter nenhum interesse pelo conhecimento intelectual, pois se satisfaz com as suas certezas intuitivas, com as suas experiências interiores e não sente a necessidade de enquadrar as suas percepções em um esquema intelectual, em um conjunto de leis e de princípios, de teorias e de conceitos racionais, que lhe parecem frios, áridos, limitadores e até mesmo capazes de deformar e alterar a verdade.

Durante um período relativamente longo do seu desenvolvimento interior, o homem rejeita a mente, inconscientemente rechaça toda interpretação racional, voltado que está a "sentir" e a "viver" em sua consciência os vislumbres de luz e de verdade que consegue compreender.

Vive a modalidade do ser que, levando-o gradativamente a desenvolver a consciência, permitir-lhe-á compreender a necessidade de desenvolver também o instrumento mental, e fará com que reconheça os limites dessa modalidade.

A sua capacidade de verdadeira consciência conseguirá penetrar também na sua mente e nela despertará a exigência de conhecer e de traduzir em idéias e conceitos as intuições e percepções recebidas.

Se porventura vier a prevalecer a modalidade do conhecer, ainda separada do ser, a pessoa terá uma mente desenvolvida, uma capacidade de análise e de reflexão e uma grande sede de "saber" e de investigar. Conseguirá, portanto, acumular muitos conhecimentos, muitas teorias, muitas interpretações e, com toda a probabilidade, formar-se-ão nela convicções mentais que o satisfaça durante certo período de tempo, dando-lhe uma sensação de segurança e de poder e, quem sabe, também a ilusória sensação de ter alcançado um elevado grau de realização.

Diante das provações da vida, porém, a sua personalidade poderia revelar imaturidade, incapacidade, fragilidade e carências; isso mostrará claramente que todo o seu conhecimento não permeou a personalidade, transformando-a e purificando-a, mas permaneceu um estéril e pesado fardo de idéias e de teorias abstratas. Se isso acontece, significa que formou-se uma cisão entre a mente e a realidade concreta, entre o conhecimento e a consciência, entre o "saber teórico" e o grau evolutivo efetivamente alcançado.

A essa altura, é preciso dizer que a mente é um grande dom para os homens, mas é também um grande obstáculo porque traz em si um poder ambivalente que é bem expresso por Sri Aurobindo com a frase: "A mente é o auxílio, a mente é o obstáculo."

De fato, o homem deve passar por vários tipos de amadurecimento e por sucessivas tomadas de consciência antes de descobrir a verdadeira função da mente e antes de aprender a usá-la da forma correta. No início, ele a usa de uma maneira equivocada, identificando-se com ela, e a transforma num instrumento que dificulta e deforma a realidade.

Na verdade, aquele que dá preferência ao conhecimento puramente intelectual e teórico, sem desenvolver ao mesmo tempo a consciência, não será capaz de transformar os conceitos em prática, não conseguirá transformar o conhecimento em experiência, fazendo dela um meio de desenvolvimento e de realização.

De fato, o verdadeiro conhecimento, nascido da mente usada da forma correta, não se refere à capacidade que o intelecto tem de acumular dados, idéias ou teorias, nem mesmo à sua faculdade de especular e de filosofar, mas ao seu poder de "compreensão" que, mesmo passando pela racionalidade e pelo intelecto, sabe como transcender e transformar em sabedoria e consciência tudo aquilo que aprendeu. A compreensão, que deriva do latim *cumprehendere* (reter consigo), é, em seu verdadeiro significado etimológico, diferente do conhecimento, que pode até ser desconexo, pois inclui um contato profundo com o objeto a ser conhecido e a capacidade de vê-lo inserido em um contexto mais amplo.

Conhecer e, ao mesmo tempo, compreender é, sem sombra de dúvida, raro e é o resultado de um amadurecimento interior que torna o homem capaz de transformar as suas convicções mentais em realização e de unir a sabedoria à consciência.

Para tornar mais claro aquilo que estamos dizendo gostaria de citar também Erich Fromm que, em seu conhecido livro *Avere o Essere?*, faz uma distinção entre "ter conhecimento" e "conhecer".

Ele diz que o verdadeiro conhecer baseia-se na modalidade do ser, pois não é um acúmulo de idéias nem de teorias, mas uma capacidade da mente de ir além da aparência das coisas, de ir além da lógica comum, de ir além dos esquemas, das etiquetas, dos condicionamentos culturais e sociais e colher a verdadeira essência e o real significado daquilo que queremos conhecer.

Ele escreve: "O verdadeiro conhecimento tem início com a demolição das ilusões, com a 'desilusão'. Conhecer significa penetrar sob a superfície, com a finalidade de alcançar as raízes e, portanto, as causas; conhecer significa ver a realidade tal como ela é." (De *Avere o Essere?*, p. 63.)

Essa "demolição" ou "desilusão", a que se refere Erich Fromm, corresponde à purificação da mente de que fala o esoterismo e à libertação dos condicionamentos que ocorre com o despertar da verdadeira consciência que começa a iluminar o intelecto.

De fato, quando as duas modalidades, a do conhecer e a do ser, se aproximam, o homem passa por uma fase evolutiva em que começa a sentir a necessidade de fazer uma *tabula rasa*, de negar tudo aquilo em que acreditava antes, todas as convicções e teorias às quais estava apegado e que agora parecem falsas, ilusórias e insatisfatórias. Na realidade, não são as teorias e as convicções que são ilusórias e erradas, mas a nossa maneira de abordá-las é que é limitada e condicionada pelo nosso estado de inconsciência e de identificação.

Essa fase de negação é indispensável porque nos despe de todos os "véus" (para usar a expressão de Fromm) e nos leva depois a *redescobrir* as mesmas verdades com uma modalidade diferente, nova, autêntica, criativa.

Descrevia um mestre zen a um dos seus discípulos o estado de iluminação: "Antes de ser iluminado, as montanhas eram montanhas, os rios eram rios e as árvores eram árvores. Quis saber e vi que as montanhas não eram montanhas, os rios não eram rios e as árvores não eram árvores. Mas, então, fui iluminado e vi de novo que as montanhas eram montanhas, os rios eram rios e as árvores eram árvores."

Nesse conto, com sempre acontece no zen, por trás da

aparente lógica paradoxal, é apresentada de forma simbólica a verdade das duas maneiras de conhecer: a puramente racional, que se detém nas aparências; e a da consciência e da intuição, que se revela depois da negação e redescobre as mesmas realidades mas de uma maneira diversa, total, profunda, criativa, que se apresenta como novas a nós que as vemos com olhos inocentes e puros, livres dos véus da ilusão.

Com base no que dissemos até agora, fica claro que, para chegar à verdadeira e completa realização espiritual, a qual requer também a ajuda do conhecimento, devemos usar ambas as modalidades: a do conhecer e a do ser, procurando integrá-las e fundi-las, pois uma sem a outra é incompleta.

Para favorecer essa integração entre as duas modalidades, nos capítulos seguintes serão examinados alguns princípios e leis fundamentais do esoterismo. Procuramos vê-los não apenas como teorias e doutrinas antigas e fascinantes que nos atraem pelo seu mistério, mas como princípios eternos e universais, sempre vivos e atuais, que nos foram revelados pelas mentes iluminadas, pelos Grandes Iniciados que alcançaram um alto nível de realização espiritual e que tinham eles mesmos incorporado e vivido essas leis e princípios em sua consciência e em sua vida.

As doutrinas e as teorias que examinaremos não devem ser aceitas passivamente de forma fideísta, nem ser avidamente absorvidas pela mente; elas devem ser usadas como estímulo para o desenvolvimento da nossa consciência, como meios de desenvolvimento e de amadurecimento, como sugestões práticas para mudar a nossa forma de viver e de pensar, como hipóteses a ser continuamente constatadas em nossa experiência existencial e subjetiva.

Portanto, não devemos nos limitar ao aspecto teórico e lógico das diversas doutrinas e leis, mas procurar ir além das formulações intelectuais, intuindo o simbolismo oculto por trás delas e o poder dinâmico e transformador que desencadeiam quando são vividas e experimentadas na consciência.

O esoterismo não é uma filosofia, mas um método; não é uma religião, mas uma atitude interior; não é um conjunto de teorias e de leis estáticas, mas uma realidade viva em contínua evolução e transformação que procura atuar e se expressar na consciência dos homens que se voltam para ele com aspiração sincera e ardorosa não apenas de conhecer, mas também e sobretudo de "viver" as leis espirituais; para progredir, evoluir e caminhar rumo a uma plena realização espiritual.

Capítulo 2

O QUE É O ESOTERISMO

*"Toda mudança exterior e visível é efeito
de causas internas e invisíveis."*
O Tibetano

Antes de começar a falar dos princípios essenciais das leis fundamentais do esoterismo, é preciso dar alguns esclarecimentos suplementares e mencionar outros aspectos que nos permitam compreender melhor a essência profunda e a verdadeira natureza do conjunto de conhecimentos, de teorias, de ensinamentos e de métodos de desenvolvimento interior nele contidos.

Desde já é importante sublinhar que o termo "esoterismo" não quer expressar apenas "estudo daquilo que é oculto, escondido, interior", como a própria etimologia da palavra leva a pensar (*eso* em grego = interior e oculto); esse termo expressa uma atitude, uma capacidade, uma sensibilidade particulares que se desenvolvem no homem em determinado momento da sua evolução e amadurecimento interior e que lhe dão a faculdade de penetrar no mundo dos significados, das causas e das dimensões mais sutis e invisíveis que estão por trás das aparências dos fenômenos.

"Esoterismo" não significa, portanto, apenas um conjunto de doutrinas, de teorias, de leis, que estudam e aprofundam os aspectos espirituais e ocultos do homem, do cosmos e da existência, mas significa uma orientação particular, um amadurecimento interior, que modificam completamente a visão da vida.

Em todos os tempos, houve homens que alcançaram essa maturidade interior, desenvolveram a sensibilidade esotérica e tornaram-se, dessa forma, canais e trâmites para a revelação de verdades universais, transformando as suas intuições em teorias, leis e disciplinas.

Assim, foi se formando, gradativamente, um conjunto de conhecimentos, de doutrinas, de leis que, mesmo sendo conhecido por poucos, difundiu-se em todo o mundo, como um filão de ouro puro, oculto e invisível mas presente e pronto para ser descoberto e reconhecido.

O esoterismo, todavia, não é estático, não é fixo: ele se encontra em contínua evolução.

Esses princípios fundamentais, encontrados em todas as religiões, por trás da aparente diversidade de formulações em todas as escolas espiritualistas, em todas as linhas de busca interior, tanto do Ocidente quanto do Oriente, revelam a verdadeira natureza do esoterismo, que é universal, e as suas qualidades precípuas de unidade e de síntese.

Em todos os tempos, o "corpo central" do esoterismo permaneceu intacto e continua a transmitir aos homens ensinamentos e conhecimentos, indicando-lhes o caminho para a verdade e para a auto-realização espiritual. O que muda são as formulações exteriores; o que evolui é o modo de apresentá-las e, sobretudo, os métodos e as técnicas adequados àquele momento histórico e evolutivo que a humanidade está atravessando.

Cada revelação que se sucede no campo esotérico é, na realidade, um ensinamento, uma mensagem que indica à humanidade qual é o progresso que deve ser feito naquele momento específico e qual é o método a ser utilizado para sedimentar com esse fim uma das antigas leis esotéricas fundamentais, ou um dos princípios eternos.

Um dos princípios fundamentais do esoterismo é, de fato, o seguinte: "Toda mudança exterior e visível é efeito de causas interiores e invisíveis."

Obviamente, para poder reconhecer a exatidão desse princípio é preciso ter desenvolvido uma particular sensibilidade para com o mundo das causas e dos significados, sensibilidade que é chamada "senso esotérico". O desenvolvimento do senso esotérico indica uma mudança definida na consciência do homem, que o conduz gradativamente à descoberta de novas dimensões, de novos aspectos de si mesmo e da vida.

Esoterismo contrapõe-se a *exoterismo*, da mesma forma que esotérico se contrapõe a exotérico (da raiz grega *exo* = externo).

Ao que tudo indica, na antiga escola Pitagórica eram chamados "esotéricos" os discípulos que tinham realmente captado o significado profundo dos ensinamentos do Mestre; e "exotéricos", os novatos. E assim também na escola Platônica e na Aristotélica, na qual existia um conjunto de doutrinas ensinadas apenas aos "iniciados".

Com base nessas breves referências, fica claro que o termo "esotérico" indica um nível evolutivo específico; e esoterismo, um conjunto de verdades que podem ser compreendidas apenas pelos que alcançaram o sentido "esotérico".

Na realidade, o homem esotérico, ou esoterista, é um conhecedor que usa a sua sensibilidade e a sua intuição, mas também usa a mente e a vontade para descobrir a verdade, pois ele não espera passivamente que essa verdade lhe seja revelada repentinamente em um momento de elevação espontânea, como faz o místico. Ele dedica-se por inteiro ao aprofundamento do conhecimento e ao desenvolvimento interior.

O místico segue o caminho do coração, da sublimação e das emoções, e aspira com todo o seu ser a reunir-se a Deus, que ele acredita exterior a si. O seu impulso, a sua aspiração levam-no a ter, com o passar do tempo, esporádicos e ocasionais "contatos" com o Eu e com o transcendente, e a atingir estados de iluminação e de êxtase. Todavia, essas experiências são puramente subjetivas e individuais; ele não pode e não sabe transformá-las em conceitos racionais e que podem ser transmitidos a outros, e sobretudo não pode, tendo em vista a sua natureza espontânea e irregular, repeti-las à vontade. Por isso o místico, mesmo com a possibilidade de ter "contatos" diretos e autênticos com os níveis superiores do ser, alterna períodos de elevação e de êxtase com períodos de obscuridade e de sofrimentos chamados de "a noite escura da Alma".

Todavia, o período místico que todos nós, mais cedo ou mais tarde, atravessamos, é muito útil para o desenvolvimento interior, pois pode nos dar a primeira abertura importante rumo ao Divino e o impulso e o entusiasmo necessários para passar para a fase do desenvolvimento esotérico. Durante essa fase não apenas estão envolvidos e se elevam as emoções e o coração, mas também a mente e a determinação, para tornar duradoura toda realização interior e para descobrir as leis ocultas e as energias sutis que regem a existência.

O místico pode ser considerado o "poeta" do espiritualismo; o esoterista, o "cientista."

O verdadeiro esoterismo é uma ciência, pois se baseia em conhecimentos e em leis precisas que advêm da "experiência" e, são portanto, passíveis de verificação direta por parte de cada um de nós. O esoterista, de fato, é aquele que começa a se tornar sensível ao mundo das energias sutis, conscientizando-se de um dos axiomas fundamentais do esoterismo: "Tudo o que existe é energia."

Alice Bailey escreve: "O principal modo de se abordar o esoterismo, para compreendê-lo e ensiná-lo aos outros é dar a máxima importância ao mundo das energias e reconhecer que, por trás de todos os acontecimentos do mundo dos fenômenos, existe o mundo das energias, as quais, em sua diversidade e complexidade, agem e operam segundo a lei da causa e efeito."

Isso leva a compreender e a verificar que o mundo interior é invisível, mas tão "real" quanto o visível, e que é regido por leis tão precisas quanto as do mundo físico. Tudo o que existe responde a leis de ordem, de harmonia e de injustiça, e faz parte de uma Grande Unidade e de um preciso Plano Divino.

É fácil compreender que, para tornar-se um esoterista, é necessário um certo amadurecimento e desenvolvimento de certas qualidades e requisitos que, em seu conjunto, constituem a sensibilidade interior chamada "sentido esotérico".

Para compreender, ainda que superficialmente, o que é de fato o "sentido esotérico", enumeramos a seguir algumas qualidades encontradas naquele que o desenvolveu:

1. Discernimento
2. Intuição
3. Capacidade de interpretar os símbolos
4. Capacidade de síntese
5. Liberdade interior
6. Capacidade de relacionar o particular ao universal
7. Sensibilidade para perceber o mundo das energias sutis
8. Saber trabalhar com essas energias
9. Saber "fundamentar-se no ser"
10. Unidade

1. Discernimento

Essa faculdade, que muitas vezes é chamada também de "discriminação", mesmo sendo um produto da mente, refere-se a algo muito profundo, quase um "sexto sentido" que se revela no intelecto e que lhe dá o poder de "saber distinguir" o real do irreal, de saber escolher o verdadeiro do falso, o absoluto do relativo, o universal do particular e, por fim, de saber agir de forma justa e sábia.

2. Intuição

É o poder que a mente tem de conhecer por identificação consigo mesma (do latim *intus-ire* = ir dentro). Poder que se revela quando o homem se liberta de todas as ilusões, das supra-estruturas, dos condicionamentos, das cristalizações da mente e aprende a interiorizar-se, a meditar e a voltar o pensamento para assuntos abstratos e universais. É uma forma de conhecer super-racional e sintética, que leva à iluminação e à certeza.

3. Capacidade de interpretar os símbolos

É preciso dizer, antes de mais nada, que, segundo o esoterismo "tudo o que existe é símbolo de uma realidade mais profunda". Portanto, a capacidade de interpretar os símbolos, nesse caso, refere-se ao poder de ver aquilo que está por trás das aparências dos fenômenos, de perceber a essência por trás da forma e de saber traduzir em termos de significado cada aspecto exterior da vida. Patanjali chama essa faculdade de "leitura espiritual".

4. Capacidade de síntese

Com essa expressão não se quer designar a capacidade mental que se contrapõe à análise, mas uma faculdade particular que surge junto com o senso esotérico no indivíduo maduro, e que lhe permite saber colher de imediato o essencial, o fulcro de cada problema, e de saber ver a unidade na diversidade.

5. Liberdade interior

Esse é um requisito muito importante para o desenvolvimento do senso esotérico. Ele dá ao homem a capacidade de ser aberto, receptivo, sensível a cada nova formulação, a toda nova linha de pesquisa e de conhecimento. Além disso, significa ter-se libertado dos condicionamentos, dos apegos, das ilusões, das preferências, da necessidade de orientação e de apoio, e ter, portanto, alcançado a capacidade de atingir a própria fonte de luz, de força e de sabedoria que é o Eu.

6. Capacidade de relacionar o particular com o universal

Essa capacidade é indispensável para um verdadeiro esoterista, pois o obriga a sair dos limites restritos do seu microcosmos e a sentir as misteriosas mas reais relações com o infinito e com o macrocosmos. Ele descobre pouco a pouco que tudo o que existe é regido pela grande lei da analogia e aprende a compreender o verdadeiro significado do antigo ditado hermético: "Como em cima assim embaixo, como embaixo assim em cima."

7. Sensibilidade para perceber o mundo das energias sutis

O verdadeiro esoterista, como dissemos, é o "cientista do espírito", pois procura penetrar além da forma e da aparência dos fenômenos e torna-se consciente das forças e das energias que agem e operam em níveis mais sutis, produzindo os efeitos que vemos no mundo exterior. Segundo o esoterismo, bem como segundo a ciência, tudo é energia. Da matéria para o espírito há apenas diversos estados vibratórios da mesma energia universal.

8. Saber trabalhar com essas energias

Depois de estudar e de observar o mundo das energias, tornando-se gradativamente mais sensível a elas, o esoterista aprende a usá-las corretamente, a canalizá-las e a irradiá-las. Dessa maneira, ele descobre um modo de agir e de operar muito mais eficaz do que a ação exterior, ou seja, descobre a utilização correta e sábia das energias sutis, quer para seu próprio aprendizado, quer para o serviço.

9. Saber "fundamentar-se no ser"

O verdadeiro significado dessas palavras diz respeito ao "poder de viver e de agir subjetivamente, mantendo um constante contato com a Anima e com o mundo que Ela habita" (*Tratado de Magia Branca*). Em outras palavras, significa manter sempre um estado de consciência imperturbável, sereno e livre, identificado com o Ser.

10. Unidade

O sentido de unidade com tudo o que existe é a expressão mais elevada do amor espiritual. É a manifestação da superação da separatividade, da identificação com o seu eu pessoal. É o poder de perceber a Vida Una que permeia a tudo e a todos, e de saber colher a harmonia e o amor que orientam a manifestação.

Fica, portanto, claro que ser "esoterista" não significa apenas conhecer teorias, doutrinas e leis espirituais, mas saber vivê-las e comprová-las por meio da experiência direta, com o desenvolvimento da consciência, quer para o próprio aprendizado, quer para poder ajudar os outros a evoluir e a se realizar.

Ser esoterista é um fato puramente interior, baseado num amadurecimento e num desenvolvimento que, mesmo não se manifestando exteriormente, produzem aos poucos uma mudança de consciência que é precisa e determinante.

Essa mudança de consciência é a base indispensável para que possamos nos dedicar ao serviço da humanidade e transmitir aos outros estímulos positivos e evolutivos.

Atualmente, não existem mais escolas de mistérios e os ensinamentos da antiga sabedoria e do esoterismo podem ser difundidos abertamente, ainda que nem todos sejam capazes de compreender-lhes o verdadeiro significado. Todavia, é dada a todos a oportunidade de conhecê-los e de utilizá-los, pois toda a humanidade está atravessando uma grande crise evolutiva que produzirá profundas mudanças e transformações coletivas.

O esoterista de hoje, portanto, não mais oculto no segredo de uma escola de mistérios, mas atuando à luz do dia, trabalhando antes de mais nada em si mesmo, para tornar-se um canal puro das energias que provêm do alto, procurará se transformar em um exemplo vivo de síntese e de unidade entre vida interior e vida exterior, entre consciência espiritual e realização, entre espírito e matéria. Utiliza para esse fim os antigos conhecimentos esotéricos e as leis que foram reveladas aos homens pelos Grandes Seres iluminados.

Capítulo 3

RELIGIÃO E ESOTERISMO

*"O verdadeiro esoterista vai além dos
ensinamentos e das doutrinas exteriores
das religiões, procura colher a sua essência
e descobrir a Mensagem Eterna oculta nelas."*

A. A. Bailey

A essa altura, uma pergunta poderia surgir de maneira espontânea em nossa mente: "Que relação existe entre religião e esoterismo?" É uma pergunta à qual se deve responder com muita clareza, pois é de extrema importância para aquele que quer seguir o caminho do verdadeiro esoterismo, compreendendo bem o significado dessas duas manifestações.

Comecemos dizendo que é preciso diferenciar "religião", entendida como um conjunto de doutrinas, de dogmas e de ritos que constituem uma particular "confissão"; de "religião", entendida como "sentimento religioso".

Todavia, antes de falar da diferença entre essas duas formas de entender a religião, analisemos o termo em si, etimologicamente, como fizemos com o termo "esoterismo".

Religião vem do latim *religo* que significa "ligar", "amarrar", "reunir" (observe-se a semelhança com o termo "ioga", que deriva da raiz sânscrita *yug* = reunir).

Portanto, na palavra religião há um significado de "ligação", de "ponte" que se refere à relação existente entre o homem e a Divindade.

Por isso mesmo, podemos dizer, baseando-nos apenas no significado etimológico e semântico da palavra, que a religião se propõe estabelecer uma ligação, uma relação entre o homem e Deus, entre os fenômenos exteriores da vida e um Ser Superior. Esse significado, todavia, adapta-se mais àquilo que chamamos de "sentimento religioso" do que à religião entendida como um credo particular e como confissão.

De fato, o sentimento religioso é um fenômeno universal e expressa uma necessidade profunda que é inata no homem, forte como um instinto, ao passo que a religião em suas várias formas se diversificou e assumiu colorações e aspectos diferentes segundo a época, o lugar e as necessidades do momento.

O mais estranho é que o fenômeno religioso só foi estudado e analisado a partir da metade do século XVIII com Lessing, na Alemanha, quando se começou a compreender que a religiosidade nasce a partir do interior do homem, como uma necessidade inata de uma relação como o suprasensível que comprova, como diz Hegel: "Que o espírito limitado sabe que a sua essência é a mesma do Espírito Absoluto."

Na realidade, ainda que esse sentimento religioso seja uma necessidade autêntica e pura do homem, ele não se revela de pronto em sua verdadeira essência, mas é alterado, sufocado, distorcido pelo seu grau evolutivo, pelos condicionamentos ambientais, pela forma confessional exterior em que deve se exprimir.

É como se o homem tivesse de reencontrar a *verdadeira religião* por trás das formas exteriores, superando a sua maturidade, os seus medos, os seus condicionamentos, indo além das formas e dos símbolos superficiais.

Há pouco dissemos que em todas as religiões existe um aspecto exterior, exotérico, e um aspecto interior e esotérico que começa a se revelar apenas àqueles que alcançaram certo grau de amadurecimento. Há, portanto, uma evolução do sentimento religioso, evolução que corresponde ao grau de desenvolvimento do homem.

Einstein, por exemplo, distingue três graus de religiosidade:

a) A religiosidade fundamentada no medo;
b) A religiosidade fundamentada nos sentimentos sociais;
c) A religiosidade cósmica.

A primeira é a religião dos primitivos, que vêem o Ser Supremo como Juiz Severo que condena e julga, como um Deus que se revela nos aterradores fenômenos da natureza, por meio da fome, da dor, da morte... Daí nascem tabus e superstições, e a noção de mistério e do mágico. Naturalmente, há muitas nuanças e graus intermediários e uma lenta evolução entre um nível e outro de religiosidade, pois a religiosidade fundamentada no medo não é típica apenas dos povos selvagens, mas encontra-se também entre os homens ditos "civilizados", em formas mais ou menos conscientes e evidentes.

A segunda forma de religiosidade revela-se pouco a pouco, quando o homem começa a perceber Deus com um Pai, do qual todos os homens são filhos. Nasce assim, gradativamente, um sentimento social, um início do sentimento de irmandade, que é o aspecto positivo dessa religiosidade. Por outro lado, um aspecto imaturo revela-se na necessidade de projetar uma figura paterna sobre o ser Superior, que assuma para si todas as dificuldades, responsabilidades e medos. O homem recusa-se a crescer e prefere manter-se infantil, baseando-se em alguma coisa que está fora dele mesmo.

Por fim, a religiosidade cósmica revela a capacidade do homem de conceber uma Entidade Universal, abstrata, despojada do aspecto antropomórfico, mas nem por isso menos real e próxima. Aliás, é justamente quando o homem se liberta das suas projeções, dos seus medos, de sua imaturidade, que reduzem Deus, e começa a intuir a essência universal, absoluta e cósmica desta Realidade, que pode perceber a presença da Divindade dentro de si mesmo. É o momento da verdadeira religiosidade, do brotar do autêntico sentimento religioso inato no homem que, como já mencionamos, fundamenta-se na unidade de essência da alma humana e da divindade (Hegel).

A essa altura, o homem entra na fase mística autêntica que antecede a entrada no caminho esotérico porque se baseia na "experiência direta" e não mais apenas na fé em doutrinas, em revelações, em dogmas, que é preciso aceitar cegamente. Então, ele começa a buscar o lado esotérico da religião e a descobrir o significado profundo e universal daqueles símbolos, daqueles ritos, que antes tinha visto apenas pelo lado formal e exterior.

Para poder chegar a isso é preciso também compreender a razão da diversidade das várias religiões, tomando por base o conceito de Unidade na multiplicidade e no conceito da revelação progressiva.

No Bhagavad Gita está escrito: "Qualquer que seja a forma pela qual os homens venham a Mim, naquela forma Eu os aceito, afinal, eles seguem o Meu Caminho." (Canto IV, 11.)

Só se aprendermos a compreender o lado oculto e esotérico das religiões, poderemos perceber a unidade delas por trás das diferenças exteriores, por trás da multiplicidade dos símbolos e das formas religiosas, por trás das doutrinas e dos dogmas, e descobrir os princípios comuns a todas as confissões, os significados profundos dos mitos, das imagens, das representações que nos revelam pouco a pouco a sua linguagem universal.

Quanto mais nos voltamos para a essência profunda, para a mensagem central de cada religião, mais descobrimos essa unidade, essa sintonia que faz com que as diferenciações formais apareçam apenas como as diversas notas de uma maravilhosa sinfonia, que exprime a Harmonia Divina.

Para compreender essa verdade, devemos lembrar que

as formas exteriores, as narrações dos eventos e dos fatos mais ou menos históricos da vida dos grandes fundadores de religiões são adequadas para as massas e constituem o aspecto exterior, exotérico das várias confissões. De fato, em todos os tempos e em todos os lugares, nas religiões maiores houve escolas esotéricas (as Escolas de Mistério) reservadas àqueles que eram mais avançados, em que se revelava o aspecto esotérico e mais profundo da religião, por meio de ensinamentos secretos e simbólicos.

Escolas desse tipo existiram no Egito, na Grécia, na Pérsia, entre os hebreus e, sobretudo, no Oriente, para onde, ao que parece, se dirigiram Pitágoras, Apolônio de Tiana (para citar apenas alguns) e o próprio Plotino... De fato, este último pronunciou, em seu leito de morte, palavras que, por seu caráter, revelam uma clara influência do pensamento oriental. Ele disse: "Agora eu procuro reconduzir o Eu, que está dentro de mim, para o Eu universal." (G. S. Mead, *Plotinus*, p. 20.)

No Cristianismo também houve um ensinamento esotérico, ao lado do exotérico, ao qual se refere Clemente Alexandrino, quando fala dos Mistérios Menores e dos Mistérios Maiores (*Stromata*, Livro V, cap. XI).

Nessas escolas, além de serem transmitidos ensinamentos esotéricos, os discípulos passavam por várias fases de disciplina, de purificação e de desenvolvimento interior, até estarem prontos para alcançar uma abertura de consciência específica, que propicia a iluminação e uma total transformação chamada "iniciação".

Por fim, os ensinamentos que eram transmitidos tanto nas escolas de mistérios ocidentais quanto nas escolas iogues se assemelham, e semelhantes eram também os requisitos exigidos para ser nelas admitido: desapego das paixões humanas, purificação, aperfeiçoamento interior, segredo absoluto. Além disso, supõe-se que entre os iniciados de todos os povos houvesse uma linguagem e um simbolismo muito parecidos que revelavam a origem comum de todas as escolas e de todas as religiões, e a igualdade dos princípios essenciais.

Concluímos, então, que há uma unidade na multiplicidade, pois essa é a maneira pela qual o Uno, o Absoluto, se exprime na manifestação, permanecendo Ele Mesmo ainda que através "dos Seus milhões de rostos".

As diversidades aparentes têm uma razão e um objetivo: "...a revelação chega até nós vinda de Deus, profetizada pelo gênio, evocada pela Virtude e pelo Sacrifício, aclamada de época em época pelas grandes evoluções religiosas da humanidade como um todo. As páginas daquele Evangelho Eterno se desenvolveram através dos tempos, sob o sopro do espírito que se difunde sempre renovador de Deus para a sua Criação, e cada uma aponta um período de progresso no caminho marcado pelo desígnio providencial. A cada página corresponde na história uma religião; cada religião propõe aos homens como objetivo um conceito educador, fragmento limitador e envolvido com os símbolos do Eterno Verdadeiro. No momento em que esse conceito conquistado pelo intelecto e identificado com a Anima passa a fazer parte da tradição universal... uma nova idéia, um novo objetivo se apresentam à mente, uma nova fé, um novo conceito da vida surge para consagrar essa idéia e para reunir em torno da conquista desse objetivo as nossas forças e os nossos atos. Cumprida a sua missão, a religião anterior se desfaz, deixando como estrela no céu da humanidade imortal, inapagável, incógnita, desvinculada para sempre dos símbolos e das formas, a parte de verdade que continha... até que seja concluída por nós a descoberta de toda a Verdade da qual somos capazes. Colunas do Templo que as gerações erguem a Deus, as religiões se sucedem e se entrelaçam, sadias e benéficas todas, mas cada uma retratando valor e destinação por parte do Templo que elas são chamadas a sustentar." (Giuseppe Mazzini: *Concilio a Dio*, pp. 46-47.)

Citei esse trecho de Giuseppe Mazzini, que certamente foi um iniciado e um intuitivo, porque nos permite compreender muito bem, com a sua eficácia inspirada, a grande verdade da revelação progressiva. Essa verdade corresponde à doutrina oriental da descida cíclica sobre a Terra dos Avatares, mensageiros divinos que se encarnam de tempos em tempos para trazer aos homens um novo ensinamento, uma nova mensagem, adequados a determinado momento evolutivo que a humanidade em geral ou um povo em particular está atravessando.

Portanto, as religiões podem ser diferentes entre si sob certos aspectos, enquanto o esoterismo é um só. Ele poderia ser comparado a uma grande árvore, que afunda as suas raízes no húmus da Antiga Sabedoria e cujos ramos são as várias religiões.

Ao longo de cada ramo o homem pode tornar a subir até o tronco central da árvore de que derivam as religiões, e redescobrir não apenas a origem divina comum a todas as confissões religiosas, mas também as semelhanças e as afinidades que não aparecem na superfície.

Em nossos dias, a tarefa do verdadeiro esoterista é de extrema importância, além de significativa, pois antecede uma Nova Era. Sua tarefa é difundir esse conceito de Unidade, de Harmonia, de Síntese; ajudar-nos a reencontrar os pontos de contato das várias teorias e religiões; permitir que deixemos de nos identificar com a forma e com as aparências; relacionar o relativo ao Absoluto, preparando o advento de uma Nova Religião Universal. Em nossos dias, não há mais escolas de mistérios e os ensinamentos esotéricos vêm-se tornando manifestos, ainda que nem todos sejam capazes de apreendê-los na verdadeira essência e em seu profundo significado. Todavia, é dada a oportunidade a todos de conhecê-los e de tentar compreendê-los, pois toda a humanidade está se aproximando de uma grande crise evolutiva que assinala a passagem de um ciclo a outro, da Era de Peixes para a Era de Aquário, que produzirá profundas mudanças, transformações e renovações coletivas e individuais.

Novas energias cósmicas estão descendo sobre a humanidade e é preciso que nos preparemos para recebê-las e para saber empregá-las.

Diz Roberto Assagioli em um dos seus escritos a respeito

da Nova Era: "...Agora mais do que nunca é preciso que aqueles que estão espiritualmente despertos, ou em vias de despertar, compreendam e aceitem essa radical renovação, aliás participem dela e cooperem com ela ativamente.

Isso pode ser feito de três maneiras:

a) Libertando-se do passado;
b) Transformando a si mesmo por meio da assimilação das novas energias;
c) Tornando-se seus representantes, encarnações vivas e centros de irradiação."

O esoterista de hoje, portanto, será o pioneiro dessa Nova Religião Universal à qual todos os espíritos eleitos ao longo de todos os tempos aspiraram, em que as confissões, doutrinas e formas encontrarão expressão, manifestando os seus verdadeiros significados, numa síntese harmônica e dinâmica.

Capítulo 4

A UNIDADE DA VIDA
aspecto teórico

*"Não há de um lado Deus e do outro
o universo, não há um Ser Divino acima
e um mundo desprovido da Divindade embaixo,
mas Deus está presente em todos os pontos
do Seu Universo."*
Van der Leeuw, *Il Fuoco della Creazione.*

O princípio básico do esoterismo é a *unidade da Vida*. Ele é encontrado em todas as linhas espiritualistas, em todas as escolas esotéricas, em todas as religiões e constitui a verdade central que, mesmo sendo a última e a mais difícil de ser alcançada como experiência interior, ainda assim é a primeira a ser considerada, mesmo que como uma hipótese e um postulado do qual derivam todas as outras verdades e leis esotéricas.

Se tivermos sempre em mente esse princípio da unidade que está por trás da aparente multiplicidade, aos poucos começaremos a examinar as outras doutrinas e leis, encontraremos a chave para compreendê-las e assimilá-las e, sobretudo, para transformá-las em um eficiente meio de amadurecimento e de desenvolvimento interior.

O princípio da unidade da Vida pode ser enunciado da seguinte forma: "As várias manifestações da vida que vemos em todas as partes do Universo são apenas formas de manifestação da Única Vida Universal que, afinal, é manifestação do Absoluto." (De *La Suprema Sapienza,* de Ramacháraca, p. 75.)

Nos antigos livros sagrados do Oriente, ou seja, nos *Upanishades*, também há várias referências a essa verdade, com palavras sugestivas e poéticas como as seguintes:

"Como o vento que, mesmo sendo um, assume novas formas em tudo o que tem vida, assim o Espírito, ainda que seja um, assume novas formas em tudo o que vive. Ele está em todas as coisas e mesmo fora delas... Há um único Regente: o Espírito, que está em todas as coisas, o qual transforma a Sua Forma Única em todas as formas."(Katha Upanishad.)

Portanto, a aparente multiplicidade da manifestação, o pulular de infinitas formas, todas as diversidades em sua miríade de nuanças, encerram um substrato de unicidade e de harmonia. Para nós que estamos mergulhados no relativo e que ainda não temos consciência da nossa verdadeira Essência, essa verdade poderá parecer paradoxal e inacreditável, pois nos sentimos incapazes de conciliar em nossa mente o múltiplo e o Uno, a parte com o todo. Todavia, devemos apelar para a nossa intuição a fim de poder aceitá-la e compreendê-la, ainda que em parte; e, se a nossa intuição ainda não estiver desenvolvida, poderemos usar uma boa dose de imaginação, recorrendo a analogias e a similitudes. Por exemplo, podemos imaginar que somos as células de um grande corpo do qual fazemos parte e de cuja vida partilhamos, ou então que somos as gotas de um imenso oceano ao qual pertencemos... Essas analogias também são inadequadas, pois não refletem totalmente aquilo que significa para o homem ser partícipe da Única Vida; no entanto, elas podem nos ajudar a sair da separatividade e do fechamento no eu pessoal e egocêntrico.

Enquanto esperamos que a nossa evolução interior nos leve a ter efetivas expansões de consciência que nos façam "viver" e experimentar realmente a Unidade da Vida, procuramos usar a imaginação e a intuição.

No nível puramente material, a ciência também admite essa unidade.

No livro *La Dottrina Occulta*, de Chevrier, está escrito: "A Essência Única da doutrina esotérica está em perfeita analogia com a idéia de *continuum* colocada por Einstein como base da física universal. Em ambos os casos, as dualidades Espaço-Tempo, Matéria-Energia estão abolidas como noções primeiras: tudo se reporta a uma realidade única, inacessível à compreensão intelectual, mas cujas propriedades Einstein pôde estabelecer matematicamente além de deduzir as leis físicas passíveis de verificação empírica." (p. 248)

Para os que acreditam que a matéria não é tudo, é fácil admitir que, se existe uma unidade no nível físico, deve existir uma unidade no nível espiritual. Todavia, não basta "acreditar" nem "admitir". É preciso, como já mencionamos há pouco, chegar à experiência direta, à consciência vívida da

Unidade do Todo, e isso pode ser considerado um dos objetivos mais elevados do desenvolvimento da consciência do homem.

De fato, a evolução pode ser considerada uma passagem gradativa "do caos para os cosmos" ("cosmos" em grego significa "ordem"), da desordem para a ordem, da multiplicidade para a unidade.

Enquanto avançamos nesse caminho, podemos nos ajudar considerando essa unidade a partir de dois pontos de vista:

1) O ponto de vista horizontal.
2) O ponto de vista vertical.

Com a palavra "horizontal" queremos expressar a união das partes com o Todo, a coexistência contemporânea da multiplicidade e da unidade, governada pela lei da harmonia.

A lei da harmonia, que está estritamente ligada ao princípio esotérico da unidade, poderia também ser definida como "a ciência das relações exatas".

Todavia, é preciso saber descobrir essas "relações exatas" que se baseiam na vibração correta.

Da mesma maneira que na harmonia musical forma-se um acorde harmônico reunindo notas que tenham uma relação exata entre as suas freqüências, assim também ocorre com a harmonia universal: é preciso estabelecer essa relação exata, encontrando a *vibração correta,* que é a que provém da origem comum, da Essência Divina, que existe em todas as coisas criadas.

Para chegar a isso, é preciso ter encontrado primeiro a harmonia em si mesmo, com o próprio centro espiritual, e isso nos leva a falar da unidade em sentido vertical.

A unidade em sentido vertical tem dois aspectos: o aspecto energia e o aspecto consciência.

O primeiro revela-se na unidade substancial que há por trás do aparente dualismo Espírito e Matéria, sendo ambas "energias" em níveis vibratórios diferentes.

O segundo revela-se na relação entre consciência individual e consciência universal que, mesmo parecendo separadas e divididas, são, na realidade, uma coisa só.

Chamamos a esse tipo de unidade "vertical" (termo, na realidade, impróprio), porque o homem, em seu caminho desde a identificação com a forma até a descoberta do Eu e desde a inconsciência até a verdadeira consciência, tem a sensação de se elevar, de baixo para cima, ao passo que, na realidade, esses dois níveis não existem, havendo, isso sim, diferentes estágios do desenvolvimento da consciência.

Vamos examinar primeiro o aspecto energia.

Segundo o esoterismo, Matéria e Espírito são "um" e são feitos com a mesma energia divina. A Matéria pode ser considerada a cristalização do Espírito e o Espírito, a extrema sublimação da Matéria.

Todavia, Espírito e Matéria constituem uma polaridade, pois o Uno, ao manifestar-se, divide-se em dois, criando a primeira dualidade do universo, que é justamente a do Espírito e Matéria. Essa polaridade que o homem experimenta em si é necessária para o seu desenvolvimento interior, e ele deve vivê-la como sofrimento, conflito e atrito, antes de poder resolvê-la com a fusão e a síntese dos dois pólos na unidade do Eu.[1]

O dualismo é necessário, o conflito é inevitável para que o terceiro fator — a consciência — possa desenvolver-se.

De fato, à medida que ocorre o despertar da verdadeira consciência, ocorre a transformação da matéria que se "une" ao pólo do Espírito, elevando as suas vibrações e saindo do estado de inércia e de cristalização que a mantinham longe e separada do Uno.

No que diz respeito ao aspecto consciência, o caminho envolve um contínuo e gradativo despertar e um constante reconhecimento. Trata-se de um caminho de interiorização cada vez mais profunda, de desidentificações sucessivas, de libertação de condicionamentos e de ilusões, de absoluta sinceridade e transparência... É uma viagem "que parte da periferia para o centro", de descoberta da realidade mais íntima de nós mesmos, da autenticidade, das raízes do Ser.

A pergunta central que norteia esse caminho deve ser: "Quem sou eu?"

E, como diz o grande Mestre indiano Ramana Maharshi, essa pergunta deve ser repetida infinitas vezes, até fazer brotar do fundo de nós mesmos a resposta: "Eu sou Aquele." Do ponto de vista da consciência, a unidade é uma das re-

---

1. Ver o livro *La Via Del Tao*, de minha autoria. [*O Caminho do Tao ou a Harmonia dos Opostos*, publicado pela Editora Pensamento, São Paulo, 1996.]

velações mais elevadas que o homem pode ter, de vez que ele experimenta a consciência por meio do enclausuramento do seu eu, como autoconsciência e, num primeiro momento, isso lhe transmite a sensação de separatividade, de solidão, de egocentrismo e de incomunicabilidade.

Todavia, justamente essa solidão, essa incomunicabilidade, vividas até os limites da angústia, transformam-se de repente numa chave para abrir a porta da consciência cósmica.

Os orientais dizem que há um único Eu, o Eu Cósmico, ou seja, uma única autoconsciência, a do Uno, de Brahma, e aquilo que nós experimentamos como autoconsciência é apenas um reflexo desse Eu Cósmico, igual em todos os homens.

O aparente enclausuramento e separatividade do eu humano, da sua individualidade, é uma experiência necessária para o desenvolvimento da consciência, pois "a consciência é fruto da limitação".

"O homem (diz Alan Watts) *deve realizar a sua união com Deus sendo um eu,* pelo fato de ser isso o que o próprio Deus faz em cada ser humano." (De *Il Significato della Felicità*, p. 79.)*

Isso pode parecer um paradoxo, mas na realidade é uma verdade a ser compreendida em seu profundo significado esotérico, que é o da Unidade que fundamenta todos os as-

---

* *O Significado da Felicidade*, publicado pela Editora Pensamento, São Paulo, 1983.

pectos da manifestação e que, portanto, também está por trás do aparente isolamento do homem e da sua sensação de solidão e de separação de Deus.

Os Mestres orientais intuíram muito bem essa verdade e, de fato, em suas religiões, afirmam que o objetivo da evolução interior do homem é o de realizar em sua consciência a unidade com o Absoluto.

Os grandes místicos ocidentais também viveram essa união com Deus durante os seus êxtases.

Do ponto de vista das doutrinas esotéricas, essa identidade, essa substancial unidade entre a consciência do homem e a consciência de Deus, não anula a individualidade, entendida como consciência autêntica do Eu, mas a expande, até incluir nela mesma, gradativamente e por sucessivas ampliações, tudo o que existe e, por fim, o Uno.

Essas expansões da consciência são chamadas "iniciações" e constituem fases bem definidas no caminho evolutivo do homem.

Para concluir: por ser a base e a sustentação de todas as outras teorias esotéricas e leis, essa verdade da unidade da Vida tem uma enorme importância, como já dissemos, para a compreensão e para a realização do caminho que teremos de percorrer, se quisermos amadurecer e "nos tornar aquilo que realmente somos".

Quando tivermos a experiência dessa união com o Todo, alcançaremos a verdadeira felicidade, a sensação de completude e de beatitude que, sem saber, toda a humanidade deseja.

Capítulo 5

A UNIDADE DA VIDA
aspecto da formação e da realização pessoal

*"Da mesma forma que o vento,
ainda que seja um só, assume novas
formas em tudo o que tem vida,
assim o Espírito, ainda que seja um só,
assume novas formas em tudo o que vive."*

Katha Upanishad

A unidade da vida nos diz, então, que toda a manifestação em todos os níveis é permeada por uma única energia, que deriva do Absoluto, com a qual Ele criou a infinita multiplicidade das formas existentes no universo, continuando a viver em cada uma delas como uma latente potencialidade de consciência. Apesar das diferenciações, das diversidades, da multiplicidade, tudo o que existe faz parte de uma única realidade, Deus, que é Uno e Múltiplo, Ser ou Vir a ser, Espírito e Matéria.

Não se trata aqui de um postulado filosófico nem metafísico, mas de uma realidade viva que, mais cedo ou mais tarde, todos poderemos conhecer, como está demonstrado pelas experiências científicas no campo da física atômica e subatômica, que vêm revolucionando o conceito de um mundo feito de objetos separados e sem comunicação entre si. Basta citar o "Teorema de Bell" (físico atômico), segundo o qual "duas partículas que já estiveram em contato, e a seguir foram separadas, a ponto de ambas estarem em extremidades opostas do universo, se modificam instantaneamente quando ocorre uma mudança em uma delas. Bell acrescenta, também, que esse fenômeno pode ocorrer não apenas no nível atômico, mas também no nível pessoal.

Fritjof Capra, em seu livro *Il Tao della Fisica,** reafirma esse princípio colocando em destaque o papel do homem não apenas como "observador" dos fenômenos que acontecem no nível subatômico, mas também como "participante". De fato, os cientistas já constataram que, quando um fenômeno é observado pelo homem, ele se modifica, pois ocorre uma efetiva participação entre o fenômeno observado e a consciência do homem, como se na realidade não houvesse separação entre os dois.

Essas descobertas e observações da ciência demonstram que as teorias esotéricas não são fantasias poéticas, mas correspondem a verdades das quais a ciência vem se acercando nos dias atuais. Talvez esteja próximo o dia em que será possível demonstrar que aquilo que os grandes místicos, santos e iniciados sentiram em seus momentos de êxtase e de contato com Deus e com o Todo é verdade, e que existe

---

* *O Tao da Física,* publicado pela Editora Cultrix, São Paulo, 1980.

uma Realidade Única por trás da multiplicidade, por trás de todas as infinitas diversidades e separações.

A unidade da vida é, na realidade, unidade na diversidade, pois permite que tenhamos uma identidade própria mesmo estando unidos ao Todo. Esse é um daqueles problemas que há séculos vêm atormentando a mente dos filósofos, dos estudiosos e daqueles que buscam a verdade. Basta citar Coleridge que, atormentado por esse problema, o qual não conseguia resolver, gritou: "Eu faria uma peregrinação pelo deserto da Arábia para encontrar o homem que pudesse me ajudar a compreender de que forma o Uno pode ser os Muitos!"

A chave desse problema está oculta no fato de que essa energia divina que permeia todo o universo contém, latente em si mesma, a "consciência".

De fato, Sri Aurobindo a chama de "Consciência-Força".

É preciso procurar assimilar o sentido profundo dessa natureza particular da energia divina que representa o "fio condutor" de toda a evolução e que encontra o seu ponto culminante no reino humano. De fato, toda a evolução é, como diz Sri Aurobindo, "uma lenta transformação da energia em consciência". Em outras palavras, ao diferenciar-se nas incontáveis multiplicidades de seres e de formas, a energia divina torna-se pouco a pouco "consciente de si mesma", individualiza-se. E essa é tarefa exclusiva do homem.

A física moderna também chegou a intuir essa tarefa humana enunciada pelo "princípio antrópico", que coloca em destaque o fato de que o homem é um princípio de autoconsciência capaz de refletir a respeito de si mesmo e de "observar".

O homem, portanto, ocupa um lugar importante na manifestação, pois representa um ponto decisivo na evolução cósmica, um ponto em que a consciência divina fragmentada e aprisionada pode "lembrar-se" da sua origem, pode reconhecer a si mesma, individualizar-se e encontrar uma identidade.

A unidade, então, passa de união inconsciente em união consciente, ou seja, como dissemos no capítulo anterior, entra em "harmonia".

Esse termo significa justamente "unidade na diversidade", à qual pode-se acrescentar, como diz Assagioli, "diversidade na unidade", querendo entender com essas palavras que, quando há harmonia, as diversidades são respeitadas no interior da unidade, pois cada parte conserva a sua própria identidade.

Alcançar essa forma de união consciente, que permite conservar a própria liberdade e diversidade, pode parecer muito difícil, mas essa é justamente a meta da evolução. Nós viemos de uma unidade inconsciente e indiferenciada e, depois de atravessar um longo processo de diferenciação e de diversificação, devemos reencontrar essa unidade, sem perder aquilo que conquistamos, ou seja, a nossa individualidade; a unidade que reencontraremos então será unidade na diversidade. Chega-se, portanto, ao axioma aparentemente paradoxal cunhado por Teilhard de Chardin: "Unidade crescente na diversidade crescente."

Segundo Teilhard de Chardin, o movimento evolutivo é regulado por três tendências:

1) A tendência para a complexidade, ou seja, a formação de órgãos, de organismos e de organizações cada vez mais complexos. Essa tendência leva a uma crescente diferenciação e multiplicidade.

2) A segunda tendência é a da convergência que, em certo sentido, opõe-se à primeira e serve para coordenar, unificar e sintetizar os resultados da complexidade, ou seja, da diferenciação. Essa tendência para a síntese é tão forte, que acaba por levar à globalização, ou seja, à unificação de todos os homens da Terra.

3) A terceira tendência é o desenvolvimento da consciência, ou seja, o aumento da atividade subjetiva do homem.

Em outras palavras, segundo Teilhard de Chardin, a evolução avança rumo a sínteses cada vez mais amplas, e cada vez mais elevadas, que têm como impulsos fundamentais a complexidade, a integração, a intensificação da consciência. Eis como se chega ao axioma enunciado há pouco: "Unidade crescente na diversidade crescente."

Essa visão de Teilhard de Chardin coincide perfeitamente com a das doutrinas esotéricas que consideram o processo evolutivo do homem, num primeiro momento, um processo gradual de individualização da consciência, por meio do reconhecimento do Eu como centro da autoconsciência e, a seguir, em um segundo momento, como uma expansão cada vez mais ampla dessa individualidade em sínteses e integrações sucessivas com os outros, com Deus e com o Universo.

O caminho do retorno à unidade, portanto, tem três fases:

1) Síntese em si mesmo ao redor de um centro da consciência que é o Eu.

2) Síntese entre nós e os outros conservando a própria individualidade, para chegar à harmonia e à consciência da unidade na diversidade.

3) Síntese com Deus e com o Todo.

A síntese com nós mesmos prevê um trabalho de integração de todos os aspectos e de todas as funções psicológicas de que somos compostos em uma "unidade harmônica" sob a orientação do Eu, que é um centro de síntese, além de um centro de consciência e de amor. Vem à luz, então, a nossa individualidade, o nosso verdadeiro eu consciente e livre, que é uma centelha do Absoluto e que por isso tende espontaneamente à Unidade, ao amor e à harmonia.

A síntese entre nós e os outros, mesmo sendo um processo rumo ao qual somos impulsionados por uma necessidade natural profundamente arraigada dentro de nós, requer um longo trabalho de amadurecimento e de desenvolvimento e apresenta muitas dificuldades, conflitos e sofrimentos. Não é por acaso que nas doutrinas esotéricas se afirma que a harmonia (ou seja, a união das diversidades) pode ser alcançada apenas por meio do conflito e do atrito.

O que mais nos dificulta é a nossa não-aceitação e a

incompreensão das diversidades. Isso depende, como diz Assagioli, também do fato de que somos ignorantes no que diz respeito a temas psicológicos e não levamos em consideração o particular momento evolutivo que os outros estão atravessando, a sua tipologia, etc. Detemo-nos nas aparências e vemos apenas aquilo que aparece na superfície. Muitas vezes também projetamos sobre o outro os nossos conteúdos inconscientes e, portanto, não vemos a sua realidade, mas aquilo que projetamos.

O primeiro passo rumo à harmonia com os outros é, portanto, a aceitação das diversidades, baseada na compreensão e no conhecimento psicológico.

A base necessária e indispensável, todavia, sobre a qual se pode construir uma relação harmônica com os outros é o amor, não num sentido sentimental ou emotivo, mas como um sincero e vivo interesse pelo outro, uma vontade autêntica de compartilhar e de compreender, como aspiração de construir uma relação verdadeira.

Esse tipo de amor não se baseia em uma necessidade nem em uma projeção, muito menos em uma ilusão sentimental; baseia-se, isso sim, no respeito pelo outro, na necessidade autêntica de harmonia e de cooperação.

O termo "respeito" vem do latim *respicere*, que significa "olhar de longe" e, portanto, nesse caso significa o interessar-se pelo outro sem invadir os seus limites, aceitando as suas diferenças, a sua liberdade, a sua maneira de ser...

Esse tipo de relação, que não apenas respeita as diferenças do outro mas as compreende e quase admira, faz com que aconteça uma integração entre as duas pessoas, ou seja, um intercâmbio criativo que enriquece a ambos e uma "convergência no vértice" (como a chama Teilhard de Chardin), ou seja, usando uma linguagem espiritual, um contato no nível do Eu, que produz a verdadeira união e um despertar da consciência, pois "o espírito não está no eu, mas entre o Eu e o Você... o homem só pode viver no espírito quando é capaz de responder ao Você, e ele é capaz disso quando entra em relação com todo o si mesmo. É apenas pela sua força de relação que pode viver no Espírito". (Martin Buber.)

O desenvolvimento da individualidade, que corresponde à síntese em si mesmo, e à fase de diversificação com relação aos outros, não constitui, portanto, um obstáculo para a união e para a harmonia com os outros, se acompanhado do desenvolvimento da verdadeira consciência e do gradativo reconhecimento da nossa Essência, o Eu. Ao contrário, é o pressuposto essencial para poder passar do eu para o nós, da autoconsciência para a consciência de grupo.

Prepara-se, assim, a terceira fase, a da síntese com o universal e com Deus, que é o ponto mais alto do processo de expansão da consciência e do retorno à unidade perdida.

Essa experiência é uma das mais sublimes pela qual o homem pode passar e não há palavras adequadas para descrevê-la.

Os que passaram por ela dizem que é "inefável", mas ao mesmo tempo cheia de naturalidade, de autenticidade, de simplicidade, de paz, como se apenas naquele momento se descobrisse o verdadeiro sentido da vida, e todas as dúvidas, todos os questionamentos, todos os problemas encontrassem uma resposta em um sentimento de perfeita harmonia, completude e beatitude.

Ainda que essa experiência possa parecer, hoje em dia, ainda distante, é importante saber que todos estamos avançando em direção a ela.

Capítulo 6

A LEI DA EVOLUÇÃO
aspecto teórico

*"O homem é um anormal em busca
da sua normalidade... O homem é
um ser de transição."*
Sri Aurobindo, *Il Ciclo Umano*

A lei da evolução ocupa um lugar fundamental em todas as teorias, princípios e leis que constituem o conjunto dos conhecimentos esotéricos, visto que ela pode nos dar a chave para a compreensão de todas as demais leis espirituais e a visão do verdadeiro significado da vida.

De fato, quando o homem reconhece a existência dessa lei e começa a fazer dela uma experiência interior, toda a sua atitude diante da vida muda, enquanto nele se manifestam uma força potencializada e uma consciência nova.

Por isso, julguei oportuno começar a examinar as principais teorias esotéricas justamente a partir da lei da evolução. As religiões, as doutrinas esotéricas e até mesmo as diversas escolas mais atuais de psicologia afirmam que o homem é um ser "perfectível", um ser em crescimento rumo a uma expressão mais completa, mais evoluída, mais verdadeira de si mesmo.

Fala-se em desenvolvimento, em aperfeiçoamento, em evolução e em realização pessoal, como sendo exigências profundamente intrínsecas à natureza humana, que, mais cedo ou mais tarde, se tornam manifestas e produzem um irresistível impulso de crescer. De fato, se não houver uma resposta a esse impulso dele surge uma profunda sensação de insatisfação, de frustração e de infelicidade, capaz de produzir sérios distúrbios se não for compreendido e resolvido.

Essa é a prova de que a lei da evolução, reconhecida pela ciência de um ponto de vista material, aplicada ao reinos inferiores ao humano (mineral, vegetal e animal), continua a sua obra também no reino humano, não mais no plano morfológico, mas no plano da consciência.

Na verdade, desde que o homem surgiu na face da Terra, não apareceram mais outras formas, e os que olharem as coisas apenas de uma forma superficial terão a impressão de que a onda evolutiva se interrompeu.

Teilhard de Chardin, o conhecido jesuíta cientista, escreve: "É de certa forma notável que a transformação morfológica dos seres pareça ter sofrido uma diminuição de marcha no exato momento em que o pensamento humano surgiu na face da Terra... Surge espontaneamente a dúvida se o motor de todo o movimento das forças animais não foi a necessidade de 'conhecer', de pensar, e se toda a pressão vital não tenha bruscamente caído nos outros ramos vivos, porque essa necessidade tinha, afinal, encontrado a sua saída no ser humano..."(De *Reflessioni sul Progresso dell'Umanità*.)

Essa intuição de Teilhard de Chardin, homem de ciência além de homem de religião, coincide perfeitamente com aquilo que afirmam as doutrinas esotéricas a esse respeito: toda a proliferação de formas nos reinos subumanos, e a sua gradativa evolução morfológica, tinha um único objetivo: criar, afinal, a forma adequada, por sua estrutura mais refinada e complexa, para receber o Espírito, a centelha divina, e para tornar-se um "Homem", um ser em que o Divino poderia encontrar a Sua expressão.

A lei da evolução continua a sua obra também no reino humano, sem trégua, exprimindo a sua verdadeira finalidade: o desenvolvimento da consciência.

Do ponto de vista esotérico, a evolução verdadeira começa a partir do homem, pois somente ele está "consciente de si mesmo", e pode, portanto, percorrer o longo caminho do desenvolvimento da consciência, colaborando voluntária e conscientemente com a lei da evolução.

Na realidade, só será possível compreender o impulso evolutivo se se considerar a evolução em seu processo total de "descensão" do Espírito na Matéria e de "ascensão" rumo à sua origem, como se vê na figura reproduzia na página seguinte.

Em seu livro *La Dottrina Occulta*, Chevrier escreve (p. 91): "No sentido oculto mais geral, o termo *evolução* indica as duas fases do processo no decorrer do qual o Espírito se torna progressivamente Matéria (primeira fase, chamada de

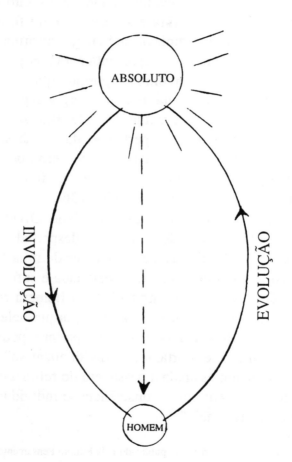

descida ou de 'involução'), e então de tornar-se de novo gradativamente Espírito (segunda fase, chamada de subida ou de 'evolução')."

Na realidade, portanto, o termo "involução" é impróprio, pois se refere a uma fase evolutiva que diz respeito à matéria que aos poucos se estrutura e se organiza em formas cada vez mais perfeitas e complexas até chegar à forma humana. Disso resulta que o homem representa para o Espírito o ponto mais baixo do arco involutivo, porque, quanto mais perfeita e complexa é a forma, mais a energia espiritual é absorvida, envolvida, obscurecida. De fato, Blavatsky escreve em *Dottrina Segreta:** "A perfeição da forma somente é alcançada ao preço de uma equivalente perda de espiritualidade. Conseqüentemente, quanto mais perfeita é a forma, tanto menor é a espiritualidade" (III, 136).

Todavia, isso foi necessário no Plano Divino, pois a Consciência Universal não poderia ter despertado e "se tornado consciente de si mesma" a não ser de uma forma em que se sentisse completamente aprisionada e sufocada, pois "a consciência é fruto da limitação". O homem representa o "ponto decisivo" no arco evolutivo porque nele a Consciência Divina Universal começa a despertar e pode receber do alto a Mônada, e, portanto, "individualizar-se".

Esse momento assinala a passagem do reino animal para o reino humano, em que a consciência se individualiza e se torna "autoconsciência".

---

* *A Doutrina Secreta,* 6 Vols., publicado pela Editora Pensamento, São Paulo, 1980.

No reino animal, não há uma consciência do eu, mas uma consciência coletiva, chamada *anima-grupo*.

Quando a Mônada, a centelha divina, desce no homem e se une à consciência que está despertando, forma-se o Corpo Causal, que, segundo as doutrinas esotéricas, é um invólucro de energia extremamente sutil e refinada que encerra a centelha divina que está se individualizando e lhe permite conservar essa individualidade por todo o longo processo evolutivo através das diversas encarnações, até que o homem, devido a uma particular iniciação, superará também o Corpo Causal, já que não tem mais necessidade dele.

Está claro, portanto, que o homem representa um nível evolutivo determinante para a evolução cósmica, em que Espírito e Matéria se encontram, dando início a uma longa relação tumultuada, sofrida, mas criativa. Essa relação se prolongará com vicissitudes alternadas, durante vidas e mais vidas, levando lentamente a uma unificação por meio da transformação e da sublimação da Matéria em Espírito e da materialização e expressão do Espírito na Matéria.

A "materialização" do Espírito significa a sua completa expressão na forma, depois de tê-la purificado e unido ao Eu.

Portanto, nós somos "o laboratório vivo e pensante" em que o Divino se reúne à Matéria para dar vida à Consciência e criar um novo ser: o homem realizado.

A dualidade, portanto, é a marca que distingue o homem, o qual durante longo tempo, oscila entre a identificação com a forma material, ainda não purificada, e a consciência espiritual, ainda vaga e nebulosa.

Poderíamos dizer que a verdadeira evolução começa com o homem, que representa, como já dissemos, o "ponto decisivo" no arco evolutivo, pois o real objetivo, para o qual a energia divina se manifestou e criou o universo, é o "desenvolvimento da consciência", é o despertar da "Individualidade Cósmica", ou seja, do Eu Sou Divino, do Ser que se reconhece a si mesmo.

A ciência também apresenta a hipótese dessa finalidade fascinante, de um "projeto humano" já latente desde o início da criação, que chama de "princípio antrópico", e que, afinal, significa individualização da consciência em um ser capaz de pensar, de refletir e de ser consciente de si mesmo.

Todavia, nós, seres humanos, durante longas épocas não tivemos consciência dessa nossa tarefa e não nos demos conta de ter em nós uma poderosa arma, uma energia divina da qual devemos nos tornar conscientes para poder utilizá-la.

A evolução no plano humano, portanto, é muito lenta e tem um movimento "cíclico" que inclui fases de ascensão e fases de descensão, fases de "progressão" e de "regressão", como fica claro a partir da história da humanidade. Eis por que, aos olhos de quem não é sensível à consciência, a humanidade pode parecer estagnada, quando não até mesmo em fase de regresso.

Além do mais, a matéria não evolui com o mesmo ritmo da consciência, mas de uma maneira muito mais lenta porque as suas características são a inércia, a repetitividade, a tendência a manter e a instaurar mecanismos e hábitos. A morte existe justamente por essa razão, pois em determinado momento a forma física torna-se um obstáculo para a consciência que tende a seguir em frente.

Quando o homem começa a ficar consciente desse fato e a tomar nas mãos a sua evolução para efetuar uma transformação das suas energias, ocorre um segundo "ponto decisivo" em seu processo de crescimento interior, que o leva a uma efetiva mudança.

Antes, ele acompanhava passivamente a onda evolutiva e mesmo que em determinado momento sentisse a aspiração de melhorar a si mesmo, o seu objetivo era unicamente o da harmonia psicológica e pessoal.

A seguir, no entanto, desperta nele uma aspiração mais profunda que o faz perceber que não se trata apenas de aperfeiçoar e de melhorar a sua personalidade, mas de transformar completamente a si mesmo, para criar "um algo mais", o Verdadeiro Homem, que, no entanto "... não é o homem preso no seu Zênite, não é um degrau superior da grandeza humana... *É uma outra coisa*. Uma outra consciência", como diz Sri Aurobindo.

Na Terra, portanto, há contemporaneamente pessoas de diversos graus evolutivos: seres primitivos e seres despertos, homens ainda próximos do reino animal e homens que já pertencem a uma Humanidade Superior... O número maior de indivíduos, porém, pertence àqueles que estão em "mutação", ou seja, que não são mais animais, mas que ainda não são homens verdadeiros. Esse grupo tem vários níveis que são determinados pelo grau de consciência alcançado e a ele pertencem todos os que, em maior ou menor grau, estão crescendo, melhorando a si mesmos, tornando-se cada vez mais conscientes do seu verdadeiro eu e que sofrem, lutam, estão insatisfeitos, buscam a verdade, aspiram a valores mais verdadeiros, têm ideais, começam a acreditar em uma realidade que vai além da matéria e, conscientemente ou não, colaboram com o impulso evolutivo.

Nem todos estão conscientes do verdadeiro significado da sua aspiração e do seu empenho, mas são sensíveis a um impulso evolutivo para o qual não sabem dar um nome e sentem que o homem pode tornar-se melhor do que aquilo que parece ser na superfície.

Existe, também, uma minoria de pessoas já consciente do objetivo da vida, já em contato menor ou maior, com o seu Eu, que está a serviço da humanidade nos mais diferentes campos (psicológico, científico, religioso, social, etc.) e são essas pessoas, com a sua presença, com a sua vibração e com a sua ajuda desinteressada, que criam a possibilidade de uma mudança, de um amadurecimento, de um "salto" evolutivo para a época especial que estamos vivendo.

Em todos os tempos, em todos os períodos da história evolutiva da humanidade, houve indivíduos desse tipo, mais maduros, mais conscientes, que tinham a tarefa de ajudar a humanidade a crescer, a despertar, a ir sempre mais à frente. Em certas épocas, houve mesmo Iniciados, Seres Superiores que desceram especialmente na Terra para transmitir aos homens ensinamentos fundamentais que ainda hoje são válidos.

Isso nos faz compreender que, mesmo que a evolução do homem seja individual e não mais coletiva, há uma influência recíproca e uma ligação invisível entre todos os seres humanos, e os que são mais evoluídos podem, com a sua irradiação e com força da sua consciência desperta, contribuir para elevar o nível evolutivo da época em que vivem. Em outras palavras, toda pessoa que entra em contato com o próprio Eu irradia energias positivas que representam um fermento para o ambiente em que vivem e para todos aqueles com que entrarem em contato. Isso significa que cada um de nós é responsável por aquilo que está em seu íntimo e por aquilo que emana ao seu redor.

O nosso processo evolutivo, portanto, ainda que no início tenha se baseado em nosso esforço isolado e tenha o objetivo de nos individualizar e de nos tornar livres e capazes de caminhar por nossa conta, expande-se, a seguir, para os outros, nos torna capazes de nos abrir e de chegar ao Amor, à Unidade e à Harmonia, que faz com que nos sintamos parte intrínseca de uma Consciência mais ampla e total.

Capítulo 7

A LEI DA EVOLUÇÃO
aspecto da formação e da realização pessoal

"Aquilo que um homem é e aquilo
que ele poderia ser existem simultaneamente."
A. Maslow, *Verso Una Psicologia*
dell'Essere, p. 153

Voltando-nos agora para o aspecto prático e concreto da lei da evolução, vemos qual é a melhor forma de proceder, contanto que tenha sido despertada em nós a premência de crescer, de melhorar, e a intuição do fim para o qual tende toda a existência.

O primeiro passo a ser dado é verificar a força e a qualidade da nossa convicção nessa lei, que não deve ser um fato racional, uma fé passiva, uma esperança consoladora, mas uma certeza profunda baseada na experiência íntima e direta da existência desse impulso para crescer e para "tornar-se algo mais" do que somos.

Em outras palavras, a nossa convicção deve surgir de uma "necessidade" autêntica, que nos faça sentir além da força da aspiração, também a certeza clara e inequívoca da possibilidade de um desenvolvimento e de uma realização superior.

"Só é verdadeiramente um homem quem se sente inferior àquilo que poderia ser", diz Chevrier em seu livro *La Dottrina Occulta*, e com essas palavras ele exprime sinteticamente aquilo que deve ser o sentimento básico que nos impulsiona para um trabalho de desenvolvimento. É como um "pressentimento" daquilo que poderíamos ser e que talvez já sejamos em estado latente.

É como se, na realidade, não tivéssemos de construir nem formar alguma coisa, mas apenas "lembrar" aquilo que esquecemos. E, de fato, assim é. Nós somos o Eu, o verdadeiro homem, mas *nos esquecemos disso,* porque, no processo da encarnação, a "semente divina" se identificou com a matéria e tornou-se inconsciente de si mesma.

Já o segundo passo é procurar compreender, ou pelo menos intuir, qual é a tarefa evolutiva que devemos realizar na vida atual. Em outras palavras, devemos procurar tomar consciência do amadurecimento que devemos alcançar, dos obstáculos que temos de superar, mas também de quais são os nossos aspectos positivos, as nossas qualidades mais elevadas, os reais pontos de sustentação que temos e que podem constituir a base sólida a partir da qual começaremos um trabalho de crescimento. Às vezes, não é fácil compreender tudo isso, pois temos muitos condicionamentos, muitas ilusões, muitas superestruturas que nos ocultam a visão exata de nós mesmos.

É preciso, portanto, no início, um trabalho cuidadoso de auto-análise que nos faça realmente entrar em contato com a nossa realidade.

Sri Aurobindo dá muita importância a um trabalho psicológico como preliminar do processo de realização do Eu. "Os Upanishades dizem que Aquele que Existe em si mesmo estabeleceu que as portas da *Anima* só poderão ser abertas de dentro para fora... A observação de si mesmo e a autoanálise são, portanto, uma importante e eficaz introdução à verdadeira interioridade." (De *La Sintesi dello Yoga,* vol. II, pp. 23, 24.)

O trabalho psicológico tem o objetivo de livrar os veículos pessoais das impurezas e dos obstáculos constituídos pela imaturidade e pelos condicionamentos que aprisionam a verdadeira consciência e a impedem de manifestar-se.

Portanto, quando tomamos nas mãos a verdadeira evolução, nos damos conta de que devemos trabalhar não apenas no nível espiritual e interior com a aspiração, a devoção pelo Divino, a busca metafísica das verdades esotéricas, mas também no nível pessoal e prático para tornar a personalidade livre e pura, um perfeito canal e instrumento de expressão do Eu.

A evolução no reino humano é principalmente um desenvolvimento da consciência, como já dissemos, mas é também um processo gradativo de transformação da matéria e das energias da personalidade, pois a meta final da evolução nesta Terra é a união do Espírito com a Matéria que dará vida ao Homem Novo, criatura do Quinto Reino.

Quais são os obstáculos mais evidentes que podemos encontrar quando começamos o trabalho de crescimento e de transformação?

O primeiro obstáculo está oculto em uma lei natural, que tem, na realidade, uma função positiva e equilibradora no grande esquema evolutivo universal: a lei da adaptação.

Essa lei pode se revelar um grande impedimento para o homem com relação ao impulso evolutivo que tende para a mudança, para a renovação e para tudo aquilo que faz superar equilíbrios limitadores e redutivos. Nos reinos inferiores ao humano, a lei da adaptação tem tido a sua função, no processo evolutivo da forma, para criar e estabilizar as diferentes espécies, mas diante da lei renovadora e criadora da evolução a adaptação é inconciliável.

Lecomte du Nouy, em seu livro *L'Uomo e Il suo Destino,* por exemplo, escreve: "A fauna atual desta Terra representa muitas vezes as obras-primas da adaptação, mas sempre os excluídos pela evolução." Ele acrescenta que, todavia "... só um tipo entre todos jamais alcançou o equilíbrio e, ainda assim, sobreviveu: o destinado a culminar no homem" (p. 101).

Esse impulso para a adaptação e para o equilíbrio existe também no reino humano, mas transforma-se em obstáculo quando produz imobilidade, inércia, mecanicidade, hábitos automáticos, apego...

A lei da adaptação pode ser útil e válida no nível da matéria e para os processos fisiológicos, visto que produz a tendência à homeostase, mas é limitadora e nociva no nível psíquico e sobretudo no nível espiritual, em que a nota dominante é a renovação, a liberdade, a criatividade, o progresso contínuo rumo a estados cada vez mais amplos e elevados.

No homem, há um perene conflito entre a tendência à adaptação e o impulso evolutivo, ainda que ele nem sempre tenha consciência disso, e por esse motivo, todo o seu desenvolvimento, todo o seu amadurecimento, seja quase sempre precedido por uma crise.

De fato, a crise é o sintoma do conflito entre esses dois impulsos que, na realidade, refletem respectivamente a tendência para a inércia, para a repetitividade da matéria e a tendência para a mudança e para o progresso do Espírito.

A partir desse primeiro obstáculo, que deriva da lei da adaptação, nascem todos os demais obstáculos, que tendem a estabilizar o homem numa espécie de equilíbrio ou de normalidade que na realidade são, ao contrário, becos sem saída que conduzem a uma inércia sem esperança, a uma imobilidade que apaga de todo a consciência.

Evoluir significa escolher, sair do "leito de Procusto" da normalidade (como a define Jung) e enfrentar a esplêndida e divina "anormalidade" do Verdadeiro Homem que, na realidade, é uma *supernormalidade*.

Diz Sri Aurobindo que o homem, da forma como ele é agora, ainda não é humano porque é "um ser de transição".

Se queremos realmente aderir à lei da evolução, cujo impulso irresistível experimentamos dentro de nós, devemos antes de mais nada ter a coragem de deixar a inércia dos hábitos, a cômoda rotina da imobilidade e fazer de cada acontecimento da nossa vida, de cada alegria, de cada sofrimento, de cada situação um meio de renovação, de crescimento e de progresso.

A dor surge justamente da nossa resistência a esse impulso para o desenvolvimento, inútil e estéril resistência que tem como única conseqüência obscurecer a consciência e provocar em nós, muito freqüentemente, distúrbios físicos e psíquicos e até mesmo neuroses.

Teilhard de Chardin diz que os homens poderiam ser divididos em duas grandes categorias:

a) Os que querem evoluir;
b) Os imobilistas.

Os primeiros são os que acreditam na evolução e aderem a ela. Os segundos são os que não acreditam na evolução ou não querem acreditar nela porque preferem a estagnação e a inércia dos hábitos.

De que lado queremos ficar?

Do lado dos imobilistas medrosos e presos no seu egoísmo ou do lado dos que querem evoluir, que estão vivos e são criativos, e que sentem o sopro vital do Espírito Divino?

Se nos colocarmos do lado dos que evoluem, logo ocorrerá uma mudança em nós, porque sentiremos uma nova força, perceberemos uma nova luz que nos permitirá ver tudo de uma maneira diferente. Adquiriremos a capacidade de ler os significados dos eventos que acontecem conosco e começaremos a compreender as mensagens silenciosas e os questionamentos que a vida nos apresenta. De fato, se começarmos a nos desenvolver conscientemente "...não perguntaremos mais o significado da vida, mas sentiremos que estamos sendo questionados, como pessoas às quais a vida apresenta continuamente perguntas, a cada dia, a cada hora. Perguntas às quais temos de responder, dando uma resposta exata, não apenas em meditação, ou então com palavras, mas com uma ação, com um comportamento correto..." (Victor Frankl, *Uno Psicologo nel Lager*, p. 130.)

Essas palavras significativas de Victor Frankl, escritas durante a dura experiência em um campo de concentração nazista, nos permitem compreender de forma clara que a verdadeira evolução equivale a levar a cabo na vida e nas ações uma série de mudanças que demonstrem praticamente aquilo que compreendemos e amadurecemos e que nos façam viver no cotidiano os efeitos do nosso amadurecimento interior.

Tudo isso nos faz compreender que o progresso e o desenvolvimento voluntários requerem um "esforço", um trabalho sobretudo no início, pois é como se tivéssemos de "inverter a rota", a antiga tendência que se imprimiu na matéria dos veículos da personalidade para ir rumo ao exterior, seguindo o impulso evolutivo. Não devemos esquecer que o homem encontra-se no "ponto decisivo" da parábola constituída pelas duas fases do processo evolutivo: a involução (ou seja, a descida da energia divina na manifestação), e evolução (ou seja, o retorno dessa energia, transformada em consciência em sua origem). É justamente o homem que cria o "momento decisivo", tornando-se pouco a pouco consciente da sua origem e começando o caminho de volta para a Casa do Pai.

"A evolução é uma lenta transformação da energia em consciência", diz Sri Aurobindo, sintetizando com essa frase todo o processo evolutivo que tem início no reino humano com o nascimento da autoconsciência.

Há, portanto, dois aspectos da evolução:

a) A transformação das energias;
b) O desenvolvimento da consciência.

Esses dois aspectos deveriam ser independentes e quase simultâneos; no entanto, durante longas épocas acontecem de forma separada e, às vezes, até desarmônica.

De fato, a transformação das energias pode acontecer também de maneira inconsciente e está ligada ao processo de amadurecimento e de desenvolvimento dos veículos pessoais (corpo físico-etérico, corpo emocional e corpo mental), que devem passar de um estado vago, amorfo e não qualificado para um estado organizado, ativo e capaz de se expressar.

Já o desenvolvimento da consciência refere-se à gradativa passagem do Eu de um estado latente e potencial, para um estado lúcido, desperto e cada vez mais consciente de si mesmo, por meio de um processo de libertação das identificações, dos mecanismos, dos condicionamentos da matéria.

O esforço e o cansaço derivam do processo de transformação das energias pessoais e do crescimento e da formação da personalidade em um todo único, pois, ao contrário, o desenvolvimento da consciência não é um esforço mas uma "revelação", não é um sofrimento mas um "auto-reconhecimento" alegre, não é um cansaço mas um "despertar" que traz consigo uma sensação de liberdade, de frescor e de autenticidade.

Além disso, é como se a transformação das energias ocorresse de baixo para cima, e portanto, no "sentido ascendente"; ao passo que o desenvolvimento da consciência ocorre de cima para baixo, no "sentido descendente": é o Eu que se revela e "aparece" no seu esplendor à medida que, por efeito da transformação e da purificação dos veículos, todos os obstáculos e véus desaparecem.

Essa é a "transformação da energia em consciência", que é a chave de todo processo evolutivo interior do homem e que nós deveríamos usar como "método" para o nosso crescimento e para a nossa realização pessoal.

Cada um de nós, se quer realmente evoluir, deve procurar tornar-se consciente desses dois processos interiores, verificando continuamente se a cada tomada de consciência corresponde uma transformação das energias pessoais e se, vice-versa, cada amadurecimento ou superação nos veículos da personalidade, traz consigo um aumento da consciência e uma ampliação da visão espiritual.

Todas essas reflexões são necessárias se quisermos proceder a um sério trabalho de auto-realização, utilizando de maneira consciente o impulso evolutivo e fazendo disso uma experiência direta em nossa vida.

Capítulo 8

A LEI DA REENCARNAÇÃO
aspecto teórico

"Da mesma forma que o homem,
deixando de lado os velhos hábitos,
adquire novos, assim também o Espírito,
ao se despojar dos velhos corpos,
entra em outros novos..."
Bhagavad Gita

Quando um homem começa a tomar consciência do impulso evolutivo e a extrair dele experiência em sua vida como necessidade de crescimento e de aperfeiçoamento e, sobretudo, como ânsia profunda de reencontrar o seu verdadeiro Eu, ele se dá conta de que o caminho para chegar a essa meta é longo e árduo, e que um trabalho específico com relação a si mesmo deve ser executado; esse trabalho apresenta várias fases e dificuldades que precisam ser superadas. Ele começa a perceber que uma única vida pode não ser suficiente para levar a cabo todo o processo de auto-realização e para libertar a consciência do seu verdadeiro ser, o Eu, aprisionado na matéria... A essa altura, a antiqüíssima teoria da reencarnação é aceita e compreendida em seu verdadeiro significado e em seu real objetivo de meio necessário e indispensável para permitir ao homem cumprir todas as experiências e atravessar todas as fases que servem para o completo desenvolvimento da consciência e para o aperfeiçoamento dos veículos pessoais que devem servir para o Eu se exprimir e se realizar.

Para que essa lei seja compreendida em seu significado mais verdadeiro e em seu objetivo mais profundo, é preciso que se tenha alcançado um certo nível de maturidade interior e, como base indispensável, admitido outras verdades esotéricas, ou seja, a existência de um Ser Supremo Único e Absoluto que governa o universo e do qual provém tudo o que existe, a existência no homem de uma centelha divina, parte desse Ser Supremo, individualizada e consciente, a lei da evolução humana e cósmica...

Se essas verdades básicas não foram compreendidas nem aceitas, não tem muito sentido acreditar na reencarnação, que é conseqüência necessária e inevitável delas; aliás, essa crença poderia até ser perigosa e contraproducente, pois poderia produzir uma recaída no materialismo e na superstição.

É indispensável, sobretudo, acreditar na sobrevivência depois da morte da centelha divina individualizada no homem, chamada Anima, Eu, Espírito, etc., mas que representa a essência do homem, a sua realidade profunda. Em outras palavras, o verdadeiro Homem Interior.

De fato, o que reencarna é essa centelha divina, esse Eu que ciclicamente retorna para poder adquirir cada vez maior consciência de si mesmo e chegar à totalidade e à completude, "redimindo" também a matéria que o reveste, por meio das várias experiências que lhe foram dadas na vida nos planos inferiores da manifestação.

Não é a personalidade que reencarna, ou seja, o conjunto dos três corpos inferiores (físico-etérico, emocional e mental concreto). Ela muda a cada encarnação mesmo conservando no "átomo permanente" de cada veículo o resultado das vidas precedentes.

"A teoria da reencarnação prega a existência de um Princípio vivo individualizado que habita no corpo do homem e lhe dá forma, e que por ocasião da morte do corpo passa para um outro corpo depois de um intervalo mais ou menos longo. Então, as sucessivas vidas corporais estão interligadas como pérolas em um cordão. Esse cordão seria o princípio vivo: as pérolas no cordão seriam cada vida humana." (A. Besant, *Rincarnazione)*.

A reencarnação só adquire, assim, o seu verdadeiro sentido sob essa óptica evolutiva, pois ela não é uma fantasia romântica, uma teoria inventada por apego à vida no plano físico, mas uma necessidade, uma realidade, uma lei que adquire validade e credibilidade apenas se enquadrada no amplo esquema universal da evolução. Ela só se transforma em um meio necessário de desenvolvimento quando se percebe a verdadeira natureza do homem e se compreende o seu elevado destino.

Na verdade, há muitas interpretações errôneas dessa teo-

---

* *Reencarnação*, publicado pela Editora Pensamento, São Paulo, 1983.

ria, que geram confusão e mal-entendidos, como a crença de que seja possível reencarnarmos no corpo de um animal (metempsicose), ou que se possa regredir a estágios inferiores...

Todas essas são apenas alterações e desvios da verdadeira lei da reencarnação, que fornece ao homem a possibilidade de uma ascensão lenta mas contínua rumo à realização do verdadeiro Eu e de um gradativo desdobramento de todos os seus potenciais mais elevados, latentes em sua centelha divina.

Por isso, a crença na reencarnação não deve se tornar uma forma cômoda de fugir das nossas responsabilidades, nem uma compensação das nossas frustrações e fracassos nesta vida, tampouco uma forma de materialismo e de negação de uma vida hiperfísica. Deve ser uma conseqüência lógica e natural de uma necessidade de desenvolver a consciência, de chegar à plenitude, de expressar todas as possibilidades divinas latentes em nós, de alcançar a unificação do Espírito e da Matéria, transformando e purificando a natureza inferior no "Templo do Senhor".

Quando se começa a perceber essa necessidade e a aderir a ela, como já tive oportunidade de dizer, de uma forma natural e lógica, percebe-se que, para realizar essa grandiosa e maravilhosa tarefa, deve haver um retorno cíclico, deve haver para o homem uma possibilidade de repetir mais de uma vez a experiência da vida em um corpo físico... E, então, a morte também assume o seu verdadeiro significado de abandono de um velho hábito (como diz o Bhagavad Gita) que não tem mais utilidade, para encontrar um outro, mais adequado a experiências posteriores e mais apto a atender às necessidades mais elevadas e profundas que passam a se evidenciar na nossa consciência.

O objetivo principal da descida do Eu em um veículo físico sobre a Terra é o de "redimir a matéria", de libertá-la da sua inércia, do seu fardo, da cega repetitividade dos automatismos que a transformaram no obstáculo mais resistente à luz do Espírito, mesmo tendo sido emanada por Ele, e voltar a uni-la, então, à sua origem divina.

Isso nos faz compreender que aceitar a teoria da reencarnação não significa afirmar a importância da vida terrena e um apego à matéria, mas, ao contrário, nos faz tomar consciência de que a matéria é Espírito condensado, é o outro pólo do Espírito, do Eu que reencarna de modo cíclico e repetido, justamente com o objetivo de reuni-la a si, purificando-a e redimindo-a por meio do desenvolvimento da consciência.

A reencarnação cíclica oferece ao Espírito individualizado, o Eu, várias e sucessivas possibilidades de cumprir esse trabalho na matéria. De fato, cada vida, ainda que o homem não tenha consciência disso, é um pequeno passo rumo a essa meta.

No início, o caminho é muito lento, pois a consciência do Eu, oculta na matéria, ainda está adormecida e a evolução nas primeiras vidas consiste sobretudo numa organização e numa qualificação dos veículos pessoais que devem, eles também, sofrer uma evolução e um amadurecimento.

Se lançarmos um olhar desatento à humanidade no seu conjunto, teremos, de fato, a impressão de que nada muda, de que as pessoas continuam sempre as mesmas, com as suas fraquezas, com os seus defeitos, com as suas limitações, exceção feita para algum ser excepcional que eventualmente surge, como um pico solitário, com a sua grandeza e a sua luz. Na realidade, cada vida leva ao amadurecimento, à mudança, ao progresso, ainda que mínimos e imperceptíveis do exterior, mas, sobretudo, cria símbolos, impulsos que terão o seu efeito no futuro. Nada do que o homem faz, pensa, ou sente é perdido, porque tudo é energia. Isso significa que cada uma das nossas ações (tanto no nível físico como no nível emocional e mental) cria uma vibração, um movimento que tende a produzir efeitos. Essa é a origem da lei do karma (ou lei de causa e efeito) que examinaremos nos próximos capítulos. A reencarnação também é, na realidade, um resultado da lei do karma, que deu início a estímulos e impulsos que devem necessariamente acarretar conseqüências.

Quando o homem começa a tomar consciência da sua verdadeira natureza, do significado da vida, observa-se uma aceleração do processo evolutivo. E isso ocorre porque o indivíduo começa a colaborar com o impulso evolutivo e a se tornar consciente, sentindo cada vez mais forte e irresistível a premência de reencontrar a realidade de si mesmo.

Pouco a pouco, fica mais nítido o caminho a ser seguido e a direção a ser tomada. O Eu, a nossa essência espiritual individualizada, começa a tornar perceptível a sua presença e, então, a nossa maneira de conceber a vida, os acontecimentos, a morte, a dor, etc., mudam por completo.

Esse é o momento em que se pode compreender verdadeiramente a lei da reencarnação e vivê-la em seu verdadeiro e profundo significado espiritual, que nos revela o justo, amoroso, admirável desígnio divino oculto por trás das confusas, ingênuas ou elucubradas explicações que o homem tentou dar à vida, ao longo dos séculos.

Desde os tempos mais remotos, a teoria da reencarnação teve os seus defensores não apenas no Oriente, mas também no Antigo Egito, na Grécia e até mesmo entre os Pais da Igreja (basta citar Orígenes e Santo Agostinho).

A crença nessa teoria jamais se apagou ao longo dos séculos e em todas as épocas houve apaixonados defensores dela entre os filósofos, poetas, estudiosos, pesquisadores...

Em nossos dias, 20% dos povos ocidentais (cerca de trezentos milhões de pessoas), e a quase totalidade dos povos orientais acreditam na reencarnação. Todavia, o mais importante é que, há alguns anos, estão sendo elaboradas sérias pesquisas científicas sobre casos de reencarnação, tanto nos Estados Unidos quanto na Índia. Isso demonstra que essa teoria não é mais considerada uma fantasia ou uma superstição, mas sim uma hipótese aceitável que deve ser verificada.

Todavia, ainda que a opinião favorável da ciência agrade a quem aspira sobretudo desenvolver a consciência e a chegar a uma confirmação de caráter interior, interessa principalmente o lado psicológico e de autoformação dessa lei.

De fato, não tem sentido acreditar na reencarnação apenas intelectualmente, pelo fato de nos parecer lógica e justa ou porque a ciência confirma a sua existência, se não tomamos consciência, ao mesmo tempo, da nossa verdadeira natureza e do verdadeiro objetivo da vida, que é o de amadurecer e evoluir até a completa auto-realização espiritual.

A certeza fundamental que devemos procurar com todos os meios é aquela que diz respeito à nossa verdadeira natureza, e o trabalho mais importante que temos a fazer é o de nos libertarmos das identificações, dos condicionamentos, das ilusões, para chegar a tomar consciência do nosso verdadeiro Eu, o Si mesmo. Essa tomada de consciência nos tornará capazes de perceber a imortalidade, a continuidade do nosso ser, mesmo além da morte do corpo físico, e nos permitirá compreender o significado profundo dos acontecimentos e das leis universais, o mistério da vida e a presença do divino em tudo o que existe. Então, a reencarnação também será aceita como uma dessas leis universais de uma forma sem vínculos nem limitações, mais livre, criativa, como parte necessária de um grande movimento evolutivo, de um plano cósmico amplo e grandioso, que leva o homem para dimensões de consciência cada vez mais elevadas. É a Consciência-Vida emanada pelo Absoluto que na realidade, impulsiona o homem para a frente e o conduz a numerosas e variadas experiências de vida, pois ela jaz escondida dentro de nós, como uma semente que, vida após vida, brota, cresce até manifestar-se em seu total esplendor.

Sri Aurobindo diz que apenas os momentos de verdadeira consciência têm de fato importância na vida, os momentos da *Anima*, ou seja, aqueles fugazes instantes em que, devido a alguma experiência ou estímulo, temos um vislumbre da realidade, percebemos uma consciência diversa como uma recordação repentina de nós mesmos, uma nostalgia, uma luz, uma força que permanecem indelevelmente impressas em nossa memória.

Só esses momentos da *Anima* podem ser levados para a vida seguinte, e por essa razão nada lembramos das vidas precedentes, se tudo foi vivido com uma consciência semi-adormecida e identificada com a personalidade exterior.

Se não fomos "conscientes", a vida foi como um longo sonho que, ao despertar se desvanece. Podemos lembrar apenas, como já dissemos, dos momentos de verdadeira consciência, mas de uma forma fugaz e quase inconsciente, como quando temos a sensação do *déjà vu*, isto é, uma emoção inexplicável e repentina à vista de uma pessoa que não conhecemos, de uma paisagem, de um quadro ou temos a sensação de reconhecer um lugar jamais visto antes...

Por isso mesmo, não devemos ter a preocupação de lembrar coisas de nossas vidas precedentes; temos, isso sim, de nos dedicar o quanto antes à superação do estado de semi-inconsciência em que vivemos sem nos darmos conta, para reencontrar nossa verdadeira "essência", para nos lembrarmos de "quem realmente somos" e projetar-nos rumo ao futuro, deixando de lado o passado que já não tem mais importância e do qual devemos tão-somente compreender os efeitos kármicos que estamos vivendo na vida atual.

A lei da reencarnação foi revelada ao homem para que ele a use e a transforme em um meio de evolução e de autoformação, tendo-a em mente a cada momento da sua vida cotidiana, em cada experiência e prova, como confiança, como estímulo de desenvolvimento, como movimento dinâmico, como força interior para aceitar a dor, para compreender as aparentes injustiças, o mal, o conflito, as inexplicáveis diversidades... Tudo aquilo, enfim, que parece não ter um sentido e uma lógica em um mundo que surge à nossa frente como algo caótico e obscuro e que, ao contrário, é a expressão da ordem e da harmonia, da justiça e do infinito Amor do Absoluto.

Capítulo 9

A LEI DA REENCARNAÇÃO
aspecto da formação
e da realização pessoal

*"Quando se abre a porta do ser...
emergimos em outra dimensão, onde
nos damos conta de que somos tão velhos
quanto o mundo e de que esta vida
é uma experiência, um elo da corrente..."*

Satprem, *L'Avventura
della Coscienza*, p. 101

O verdadeiro e profundo objetivo da lei da reencarnação pode ser realmente compreendido e buscado apenas quando a sua convicção mental é absorvida pela nossa consciência e se transforma em "experiência". Então, tudo se nos apresenta sob uma luz diferente e, sobretudo, se nos apresenta diferente o nosso "eu" (ou seja, aquilo que julgávamos ser o nosso eu), pois, pouco a pouco, perde a identidade com a personalidade e adquire uma visão mais ampla e distinta, aproximando-se cada vez mais do Eu.

De fato, como dissemos no capítulo anterior, não é a personalidade que reencarna, mas o Eu, que é eterno, imutável e imortal e que, vida após vida, torna-se cada vez mais manifesto e mais "consciente do Eu mesmo", utilizando os veículos pessoais como instrumentos de experiência e de contato com os três planos inferiores da manifestação (físico-etérico, emocional e mental).

Portanto, para poder realmente viver o conhecimento da lei da reencarnação como meio de evolução e de aprendizado, é preciso executar um preciso trabalho interior de autoanálise e de purificação que nos leve, antes de mais nada, a tomar consciência de que se formou em nós uma dualidade entre um eu superficial identificado com a personalidade, e o Verdadeiro Eu, que é o Eu, que é superconsciente, latente e constitui de fato a nossa real individualidade. Há uma distinção entre a personalidade e a individualidade, uma dualidade que, mesmo sendo ilusória nos condiciona e dificulta o nosso caminho. Essa dualidade deve ser reconhecida e aceita como uma situação transitória, que tem uma função específica se for utilizada da forma correta. O Eu e o eu pessoal devem ser vistos como dois pólos de uma única realidade, que não devem estar em conflito mas em colaboração, reconhecendo as suas respectivas reais funções e significados. O Eu é o aspecto positivo, masculino, o Pai, e a personalidade é o aspecto receptivo, feminino, a Mãe, que devem colaborar e integrar-se porque da sua união deve nascer o Filho, que é a consciência. A noção do eu que pode manifestar-se na personalidade é, na realidade, apenas um reflexo do Verdadeiro Eu, um reflexo distorcido, limitado e condicionado que pouco a pouco se purifica, se liberta das ilusões e "ascende" (falando em termos simbólicos) rumo ao Eu, ou melhor, reconhece a si mesmo em sua verdadeira essência.

A personalidade com os seus três veículos é apenas um instrumento de expressão do Eu, é uma "projeção" sua e, portanto, não tem uma identidade própria. É isso que, gradativamente, devemos descobrir, deixando de nos identificar com ela, libertando o Eu, entendido como autoconsciência, dos seus falsos apoios e levando-o de volta para o seu *devido centro*. Essa descoberta é fundamental para quem quer percorrer um caminho evolutivo consciente, levando em consideração também a lei da reencarnação, sem cometer o erro de acreditar que é o seu eu pessoal que retorna para a Terra, mas o Eu, a sua verdadeira individualidade.

A essa altura, surge uma pergunta lógica: "Se a personalidade também tem uma evolução, por que não se reencarna? Para que serve essa evolução se a cada vida mudamos de personalidade?"

De acordo com as doutrinas esotéricas a evolução da personalidade é um desenvolvimento de capacidade, de tendências, de qualidades relacionadas aos três veículos pessoais, que, por meio das diversas experiências, passam de um estado amorfo, vago, não organizado, para um estado mais qualificado, mais bem expresso, mais definido.

Esse conjunto de qualidades e de tendências que se desenvolveram não será perdido, mas sintetizado naquilo que é chamado de "o átomo permanente". Há um átomo permanente para cada veículo pessoal (físico-etérico, emocional e mental), portanto, três átomos permanentes que ao final de cada encarnação são "absorvidos" pelo Eu, no Corpo Causal.[1]

Ao reencarnar-se, o Eu terá uma personalidade que, mesmo sendo diferente da precedente, terá em si já formadas aquelas capacidades, qualidades e tendências que desenvolveu na vida precedente e que em seu conjunto formam "o grau evolutivo da personalidade" e o seu "karma psicológico".

Tudo isso pode parecer muito complicado, mas, na realidade, é muito simples, e se nos acostumarmos a refletir a respeito de nós mesmos, buscando conhecer-nos, analisar-nos, interpretar o nosso caráter, as nossas tendências, a nossa maneira de ser, as nossas capacidades e mesmo os nossos defeitos, as nossas limitações à luz da lei de reencarnação, pouco a pouco poderemos talvez começar a intuir que tipo de pessoa fomos em uma vida precedente e quais são os próximos degraus evolutivos que devemos galgar.

O Eu evolui como consciência e a personalidade, que é o seu instrumento de expressão, deve cada vez mais aperfeiçoar-se, amadurecer para poder realmente expressar no nível terreno as energias e as qualidades do Eu que são latentes dentro dela.

Cada veículo tem uma função precisa a desempenhar

---

1. Ver o meu livro *Il Sé e i Suoi Strumenti di Espressione*, para mais informações sobre a constituição interior do homem. [*O Eu e Seus Instrumentos de Expressão*, publicado pela Editora Pensamento, São Paulo, 1994.]

com relação ao Eu e a superação da dualidade acontecerá apenas quando estivermos em condições de expressar, por meio dos três veículos, justamente essas funções.

Portanto, se quisermos realmente "viver" a lei da reencarnação do ponto de vista da consciência, devemos considerar a nós mesmos e aos acontecimentos da nossa vida como realidades a serem interpretadas e como situações em contínuo devir, perguntando-nos toda vez "por quê?" "como?" e, sobretudo, "Qual é a minha tarefa, qual é a lição particular que devo aprender nesta vida?". Sentimos profundamente que tudo o que acontece tem um sentido, um objetivo e que, por trás dos acontecimentos da nossa vida há um significado, há uma direção, um caminho já traçado que devemos descobrir. Todavia, nem sempre somos capazes de interpretar corretamente nos seus detalhes as situações e as experiências que acontecem conosco. Por isso tudo nos parece confuso, obscuro, complicado. Isso se deve ao fato de que ainda não estamos conscientes do nosso Eu, do nosso Verdadeiro Ser, mas sim identificados com a personalidade e como o eu da superfície. Ainda não desenvolvemos a nossa verdadeira consciência e a intuição que nos ajudam a compreender o significado simbólico dos eventos e as mensagens silenciosas do Eu.

Portanto, precisamos fazer um trabalho constante com relação a nós mesmos para desenvolver a consciência e aquela faculdade que Patanjali, em seu livro *I Sutra Yoga*, chama de "leitura espiritual".

Leitura espiritual significa capacidade de interpretar os

sinais que a vida nos apresenta por meio das circunstâncias, dos fatos, dos encontros, dos nossos erros, do nosso caráter, das nossas tendências, etc. Em síntese, precisamos aprender a interpretar o nosso Karma, que constitui a bagagem que carregamos de vidas precedentes e que forma "as bases" que devemos usar e transformar no próximo passo evolutivo a ser dado nesta vida.

A nossa personalidade atual, com os seus três veículos, físico, emocional e mental, e com todas as suas características e tendências, é kármica e representa o instrumento, o material que temos à nossa disposição para realizar o "projeto" que o nosso Eu fez para esta encarnação.

De acordo com as doutrinas esotéricas, é o nosso Eu que faz o "projeto" para a encarnação sucessiva, durante o período que intercorre entre uma vida e a outra, no *post-mortem*, quando se retira no Corpo Causal (Mental Superior), depois de ter deixado o corpo físico, o corpo emocional e o mental inferior, que está estritamente relacionado com o emocional.

O Eu visa uma totalidade de expressão e em cada vida dá um passo rumo a essa totalidade. Portanto, o Seu projeto para cada vida conterá um plano preciso de desenvolvimento das qualidades e das capacidades que faltam e que devem ser ainda desenvolvidas, juntamente, claro, com uma maior clareza e consciência do eu.

Portanto, quando procurarmos entender que "projeto" o nosso Eu tem para a vida atual, devemos antes de mais nada saber discernir as capacidades, os talentos, as qualidades que já temos e aquelas que ainda nos faltam, e nos dedicar a desenvolver estas últimas, pois é justamente isso o que o Eu quer. Com base naquilo que já possuímos, devemos construir alguma coisa de novo... Muitos acreditam que o projeto do Eu é seguir as tendências e as capacidades que o sujeito já tem, seguindo uma linha de menor resistência. Na realidade, o projeto do Eu é evolutivo e só leva em conta as qualidades da pessoa depois que esta tenha se tornado sensível à verdadeira consciência, ou seja, depois que tenha superado o Eu egoísta e tenha passado pelo que se chama de o "Despertar do Eu".

De fato, o aproveitamento das nossas capacidades e qualidades por parte do Eu significa "serviço", e o serviço só pode ocorrer depois do despertar da consciência do Eu, que permite expressar nas ações e no auxílio aos outros as energias espirituais com motivação pura e impessoal.

Antes desse evento, podem ocorrer tentativas de servir ao próximo, uma preparação para isso, baseadas na boa vontade. Não se trata, porém, do verdadeiro serviço, que é essencialmente irradiação de energias espirituais por meio da personalidade, que se transformou num simples canal de expressão do Eu.

É essencial levar em consideração, portanto, que o projeto do Eu para as muitas vidas é um projeto exclusivamente evolutivo, que se refere àquilo que ainda deve ser desenvolvido e que permaneceu latente, visto que, como dissemos, o desenvolvimento da consciência requer a expressão global, total de todas as energias e de todos os aspectos de nós mesmos que devem ser não apenas manifestados mas purificados, refinados e levados para um nível superior.

Muitos acreditam que o projeto do Eu inclui necessariamente uma tarefa particular, uma missão, um trabalho importante... É preciso estar atentos uma vez que essa expectativa poderia ser uma forma de ilusão que oculta, isso sim, uma necessidade de auto-afirmação que pertence à personalidade.

De qualquer maneira, haverá sinais que nos farão compreender se estamos nos iludindo ou não, pois o Eu se revela também com recusas ou negações talvez mais freqüentemente do que com concessões.

Quando temos desilusões na vida, fracassos, devemos sempre nos perguntar se por acaso estamos opondo a nossa vontade pessoal à Vontade do Eu, se estamos perseguindo um nosso projeto ilusório que não está em sintonia com o projeto do Eu.

Um fracasso poderia também ser interpretado como algo positivo, pois aquilo que no momento parece "negativo" pode, no futuro, transformar-se em um fato positivo se descobrimos que por trás dele abre-se um outro caminho que nos leva a um sucesso de nível mais elevado.

Todas as experiências, provas, situações, dificuldades, venturas e desventuras, alegrias e sofrimentos que encontramos hoje nesta vida fazem parte do "programa de ensinamentos" feito pelo Eu para a "classe" que estamos freqüentando, e têm cada uma, portanto, um preciso conteúdo evolutivo, formativo e educativo. Nada acontece por acaso.

É por isso que devemos sempre nos perguntar:
"Em que estou carente e sou imaturo?
Quais são as minhas lacunas?
O que devo aprender?
Qual aspecto de mim devo mudar?"

Como achamos que o objetivo da nossa vida é obter liberdade de expressão e seguir as nossas tendências e capacidades inatas, muitas vezes nos revoltamos com o chamado "destino", que nos impede de nos expressar como gostaríamos. Na realidade, do ponto de vista do Eu, a livre expressão tem um valor secundário e é importante apenas como meio de nos conhecer, de nos tornarmos autênticos e espontâneos. É uma base necessária para construir alguma coisa de novo e ir além; não é, portanto, um fim, mas um meio.

Para compreender mais essas considerações, é útil refletir sobre os termos "vocação" e "missão", como aconselha o Mestre Tibetano em um dos seus livros.

Vocação, excluindo-se o significado religioso de "ser chamado por Deus", em sentido literal significa inclinação, disposição natural, preferência por determinado modo de vida, predisposição (como, por exemplo, vocação para a dança, para a música, para a pintura, etc.). Portanto, é uma tendência para alguma coisa para a qual nos sentimos levados pelo fato de já existir dentro de nós como capacidade adquirida.

Missão, ao contrário, indica uma tarefa, um dever específico que nos é confiado e que requer responsabilidade, dedicação, sacrifício, opção consciente.

Poder-se-ia dizer que a vocação nasce do conjunto de todas as faculdades, as capacidades que já adquirimos por efeito de experiências e do desenvolvimento alcançado em vidas passadas. Representa aquela "linha de menor resistência" à qual nos referimos. A missão, por sua vez, que se revela mais tarde, representa o "projeto" do Eu, a tarefa que Ele nos destina em cada vida, o objetivo a ser alcançado, inicialmente com um significado evolutivo e, a seguir, como "serviço" e colaboração para um fim e para um propósito mais amplo e impessoal para o bem da humanidade.

Toda vez que agimos de uma maneira verdadeiramente desinteressada, com motivação pura e não egoísta, livre do desejo de auto-afirmação, da ambição, do apego e das necessidades pessoais, damos um passo rumo à revelação da "missão", como serviço para a humanidade, que tem como nota fundamental o "Amor operante".

Isso pode acontecer como manifestação do Eu, ainda que ocorra de modo esporádico e eventual em momentos de abertura que preparam o caminho para um serviço mais amplo no futuro, para uma verdadeira expressão de um "projeto" definido do Eu nessa direção.

Todavia, deixemos de lado esse aspecto mais elevado do projeto do Eu e concentremo-nos no seu aspecto evolutivo. Vamos procurar intuir qual é o próximo degrau que devemos pisar, levando em consideração o "material" de que dispomos.

Cada um de nós tem um material diferente, uma riqueza diferente que corresponde à bagagem de experiências acumuladas nas vidas anteriores. Esse material deve frutificar, fazer crescer, produzindo assim alguma coisa de novo, alguma coisa que represente a nota particular a única, a nossa individualidade que no futuro deverá ser colocada a serviço da humanidade.

Devemos sempre levar em consideração que não somos nós, como personalidade, que devemos nos realizar, nos exprimir, mas é o Eu, a nossa "individualidade" latente, ou seja, a nossa parte mais elevada e espiritual ainda Superconsciente.

Portanto, pouco a pouco, a convicção profunda na lei da reencarnação muda o nosso nível de consciência, pois deixamos de nos identificar com a "personagem" que representamos em determinada vida e passamos a considerá-la apenas como um "papel", uma parte que estamos desempenhando para aprender uma determinada lição e fazer determinadas experiências segundo um plano específico do Eu, que é a nossa realidade, o nosso verdadeiro eu.

O Eu é o autor do drama que estamos encenando e é também o seu diretor, enquanto a personalidade é o ator, como de resto nos diz a própria etimologia do termo "personalidade" que vem do latim *persona*, a máscara que os atores vestiam na época dos romanos.

Além disso, a reencarnação nos abre um horizonte ilimitado, uma visão de esperança e de alegria pelo futuro de toda a humanidade e sobre o seu destino, enquanto avançamos lentamente no caminho de volta para a Casa do Pai.

Capítulo 10

A LEI DO KARMA
aspecto teórico

"...o único decreto do karma, um decreto eterno e imutável, é a harmonia absoluta no mundo da matéria bem como no mundo do Espírito."
H. P. Blavatsky, *La Chiave della Teosofia*, p. 186

Não é fácil compreender a lei do karma em sua verdadeira essência e em toda a sua extensão, pois ela é considerada no esoterismo a lei fundamental, a "grande lei", que regula toda a manifestação em todos os níveis e sob infinitos aspectos.

A própria reencarnação deriva da lei do karma, que colocou em movimento causas que devem necessariamente produzir efeitos. De fato, como diz Chevrier em seu livro *La Dottrina Occulta*: "...é o karma que garante a continuidade do ser através das existências sucessivas, pois ele deve ser considerado como a direção impressa à Vida."

Em *Dottrina Segreta**de H. P. Blavatsky, a lei do karma

---

* A Doutrina Secreta, 6 Vols., publicado pela Editora Pensamento, São Paulo, 1980.

é definida como a Lei Única e está estritamente ligada à Vida Única.

Para poder compreender e aceitar de fato a idéia do karma, é preciso primeiro aceitar a verdade da existência de uma energia universal, de uma única essência que permeia toda a manifestação e que deriva de um Princípio Único, "Causa sem Causa" de tudo o que é.

Essa energia universal encontra-se em um estado de perfeita harmonia, de unidade, enquanto está em "repouso" (pralaya). No entanto, no momento da Ideação Cósmica, gerada pelo Absoluto, começa a se fragmentar, a se multiplicar e a se diferenciar, limitando-se nos infinitos estados e formas de existência. Todavia, como um elástico estendido ao máximo tende a voltar ao estado primitivo quando é afrouxado, assim também essa energia, esta Vida, tende a voltar ao estado de harmonia, de unidade primordial, produzindo continuamente um movimento contrário, ainda que imperceptível, uma reação, um "impulso" de voltar para a nascente de onde veio.

Esse impulso de volta produz aquela que chamamos de lei do karma, ou a lei de causa e efeito, que é enunciada da seguinte forma:

"O karma é a grande lei do reajustamento que restabelece a harmonia e o equilíbrio rompidos pelas ações e pelos movimentos interiores do homem."

Na realidade, essa lei não existe apenas no nível humano, mas, como dissemos, em todos os níveis e sob vários aspectos. Presente também no nível material, ela foi definida pelos cientistas como "lei da ação e reação" ou terceira lei de Newton, que se enuncia da seguinte forma: "Para cada ação corresponde uma reação igual e contrária."

Conhecida como "tendência para a compensação", ela também vigora no nível psicológico. Foi observada e estudada por numerosos psicólogos, entre os quais Adler e muitos outros. Uma psicóloga alemã, Franziska Baumgarten, a define da seguinte maneira: "A compensação, como processo psíquico, nada mais é que o efeito de forças reguladoras da vida psíquica."

No campo filosófico, essa lei é definida como "princípio de causalidade" e é um dos postulados fundamentais do pensamento que se enuncia da seguinte forma: "Todo fenômeno tem uma causa", ou então, como diz Spinoza: "Dada uma determinada causa dela resulta necessariamente um efeito."

No campo religioso e espiritual foi reconhecida como a "lei da retribuição", uma vez que o homem sempre intuiu que nada do que fazemos pode permanecer sem efeito e que colocamos em movimento certas causas, que, mais cedo ou mais tarde, deverão ter resultados e "retornar" a nós, como um "bumerangue" simbólico do qual não podemos nos esquivar.

Esse é o sinal de uma profunda necessidade presente no homem voltado para a ordem, para a justiça, para a equanimidade, que busca respostas e confirmações.

De fato, o karma é uma lei de justiça, porém destituída de todo e qualquer juízo moral, de conteúdos emotivos e pessoais, pois é impessoal, universal e movida por uma Realidade Transcendente que é a Vida Única, o Ser Absoluto.

Nós, seres humanos, prisioneiros do relativo, incapazes de ver a totalidade, num primeiro momento interpretamos essa lei como uma Justiça Divina que nos premia ou nos castiga, dependendo da qualidade das nossas ações. Acreditamos que existe um Juiz Supremo que "contabiliza cuidadosamente" os nossos erros e as nossas boas ações, para depois nos punir ou recompensar... Na realidade, "toda ação recompensa a si mesma", como diz Emerson, e "causa e efeito, semente e fruto não podem ser separados, porque o efeito brota já na causa; o fim preexiste nos meios, o fruto na semente". (De *La Legge di Compensazione*, de Emerson.)

O Ser Supremo, Deus, é por si só Justiça, Ordem e Harmonia e, portanto, essa lei é o resultado natural da manifestação da Sua energia na criação.

Vejamos agora alguma coisa de mais preciso.

Os efeitos dessa lei nem sempre se manifestam rapidamente; pelo contrário, quase sempre precipitam em uma vida sucessiva. Por que isso acontece? Porque os efeitos de uma determinada ação podem manifestar-se apenas quando encontrarem o momento, a situação e o ambiente adequados a "ocorrer no plano físico", com uma exata correspondência, em todos os níveis, à causa que os produziu. Eis por que se diz, nas doutrinas esotéricas, que o "karma deve amadurecer" antes de se manifestar e pode, portanto, se manifestar na vida seguinte ou mesmo depois de várias vidas.

Outra razão desse possível "atraso" do efeito se refere

ao fato de que nós produzimos continuamente outro karma, pois sempre agimos e colocamos em movimento causas novas que se sobrepõem e se misturam aos "efeitos" do karma que provém do passado e assim, por vezes, é muito difícil e complicado distinguir os efeitos das causas.

Em outras palavras, uma nossa atitude, um erro podem ser efeito de um karma precedente, mas também podem ser "ações novas" da vida atual e, portanto, tornar-se por sua vez "causas" de um futuro karma.

Não devemos esquecer que mesmo estando sujeito à lei do karma ainda assim o homem é livre interiormente, pois nele está o eu, a autoconsciência que é o reflexo da centelha divina, o Eu partícula do Absoluto que lhe dá a capacidade de querer, de decidir, de usar o poder de livre escolha.

O karma não é determinismo cego, um destino fatal ao qual estamos sujeitos: é o efeito de causas colocadas em movimento por nós mesmos por nossa livre escolha. Ainda que inevitavelmente tenhamos de enfrentá-lo, somos livres para reagir a ele da forma como quisermos, de maneira imprevisível e individual. Na realidade, o karma é um meio de aprendizado para o homem, pois sempre oculta um ensinamento e um estímulo de crescimento e de amadurecimento que devemos interpretar primeiro para atuar depois. E isso é válido tanto para o karma chamado "mau", ou seja, aquele que produz dor e sofrimento, quanto para o karma chamado "bom". Com freqüência, aliás, as situações afortunadas (ou assim consideradas pelo homem) como riqueza, sucesso, beleza, etc, podem ser experiências e provas insidiosas, capazes de nos levar tanto para o bem quanto para o mal, dependendo de como as vivemos e a aproveitamos para a nossa evolução interior.

Muitas vidas se passam, porém, antes que o homem saiba aplicar o ensinamento oculto do karma, pois isso requer uma aceitação total da vida, com as suas experiências e provações, uma confiança completa na lei divina e uma consciente colaboração para o impulso evolutivo.

No início do seu caminho evolutivo o homem sofre o karma de uma forma passiva, ou então rebela-se contra ele, gerando assim outro karma e outros sofrimentos futuros.

Todavia, à medida que nele começa a despertar a consciência da sua verdadeira natureza e do real objetivo da vida, ele não o sofre mais passivamente nem reage a ele com rebeldia, mas o aceita e o compreende e, aliás, pode até evitá-lo, intuindo antecipadamente qual é a lição que deve aprender naquela determinada encarnação e qual é a tarefa evolutiva daquele momento.

Patanjali, nos seus *Sutra Yoga*, afirma:

"A dor que ainda não sobreveio pode ser evitada."

E as suas palavras querem expressar em síntese justamente a atitude acima descrita, que faz com que o karma doloroso se transforme em uma experiência vivificante, construtiva e, às vezes, até mesmo alegre.

Essa maneira de ser interior faz com que muitas vezes as pessoas maduras e suficientemente evoluídas passem por uma "aceleração do karma", pois elas não têm apenas a capacidade de resgatá-lo mais rapidamente mas sobretudo, irradiam vibrações calmas e límpidas, uma aura magnética livre e desimpedida que favorece o "reajuste" das energias, a superação por meio da catarse de erros passados e de desarmonias...

Essa é a razão pela qual muitas vezes a vida de pessoas boas e elevadas parecem estar repletas de sofrimentos e de provações, de duras experiências e de aparente injustiça, se vistas apenas de fora. Na realidade, elas estão acelerando a sua evolução, estão "queimando" com plena consciência as antigas impurezas e estão se libertando de pesos e de fardos do passado.

A essa altura, é preciso dizer que há também um "karma coletivo", ou seja, familiar, nacional, de grupo, etc. Isso acontece porque com freqüência as nossas ações estão estritamente relacionadas às das outras pessoas que vivem no nosso ambiente, e há ligações e inter-relações sutis que nos influenciam reciprocamente e que fazem com que se forme uma espécie de "destino" de grupo... Isso explicaria (pelo menos em parte) as catástrofes, os cataclismos, as tragédias coletivas que envolvem no mesmo destino pessoas diversas.

O karma familiar relaciona-se àqueles eventos e circunstâncias que envolvem as pessoas de uma mesma família inevitavelmente em um mesmo destino, mas ao qual cada um dos membros pode reagir individualmente de maneiras diversas.

Portanto, o karma coletivo também não deve ser considerado de uma forma fatalista, pois pode ser enfrentado e vivido de uma maneira negativa ou positiva, dependendo do grau de consciência e da liberdade interior da pessoa.

No que diz respeito ao nosso desenvolvimento interior, o estudo e a compreensão da lei do karma são decisivos, pois essa lei tem uma importância fundamental para o nosso desenvolvimento e aprendizado. De fato, é a lei da causa e efeito que produz as tendências, os hábitos (bons ou maus), os condicionamentos e os automatismos inconscientes.

Aquilo que somos hoje, no sentido psicológico e subjetivo, é o resultado de "atos", de desejos, de estímulos colocados em movimento em vidas passadas, pois, em virtude de uma lei psicológica bem precisa, toda ação, todo desejo, todo pensamento, agem sobre o nosso inconsciente, formando pouco a pouco tendências, automatismos, faculdades...

No nível pessoal, o homem é, na realidade, um conjunto de "programas", de condicionamentos, que ele mesmo criou no passado, com o seu esforço, com as suas necessidades, com a sua vontade.

A liberdade do homem reside apenas no seu nível espiritual, no Eu, que lhe dá a capacidade de ser consciente e de poder lutar contra esses programas que constituem um determinismo limitante, até que consiga libertar-se deles.

Toda a existência do homem é um eterno conflito entre a aspiração à liberdade e o determinismo criado pelo karma, que o condiciona também no nível psicológico.

Ver o karma sob esse aspecto psicológico pode parecer a alguns algo novo mas, na realidade, é a única maneira de resolvê-lo realmente e de aproveitá-lo em sua função real, que é a evolutiva e educativa.

Todavia, antes de chegar a essa compreensão e uso do karma, o homem passa por vários níveis de "compreensão", dependendo do seu grau evolutivo e do desenvolvimento do seu senso esotérico.

Além disso, o karma pretende nos ensinar também que tudo é energia, que há infinitos e misteriosos intercâmbios e ligações entre nós, seres humanos, e tudo aquilo que existe. Ele ainda nos ensina que tudo o que fazemos, sentimos, pensamos, gera ondas e vibrações nessa energia, criando campos magnéticos ao redor de nós que atraem ou rechaçam outras energias.

O verdadeiro esoterista deve desenvolver a capacidade de perceber essas energias, de se tornar consciente delas, para utilizá-las da maneira correta. Deve também aprender a perceber as energias dos outros, a harmonizar-se com elas, a encontrar a vibração correta e a emitir a "nota" ou a energia do Eu que cria Harmonia, Paz e Amor.

Pouco a pouco o esoterista não cria mais karma, ou seja, as suas ações ficam em perfeita sintonia com a Vontade do Eu que, por sua vez, fica em harmonia com a Vontade do Uno e, então, não produz mais a necessidade do reequilíbrio e da reação contrária.

Essa meta ainda está muito longe de nós; entretanto, podemos tê-la sempre em mente desde agora, adotando uma atitude adequada de aceitação, de confiança, de obediência, de adesão à grande lei do karma, para compreendê-lo, utilizá-lo e transformá-lo num meio evolutivo e numa técnica de formação e de realização pessoal.

Capítulo 11

A LEI DO KARMA
aspecto da formação e da realização pessoal

"Se submetermos nossa vontade
consciente permitindo que ela se unifique
com a vontade do Eterno, então, mas
só então, poderemos alcançar a
verdadeira liberdade."
Sri Aurobindo, *La Sintesi*
dello Yoga, vol. I, p. 90

Se quisermos transformar o conhecimento da lei do karma num meio de formação e de realização pessoal, devemos refletir, antes de mais nada, a respeito da relação existente entre o impulso inexorável de causa e efeito que rege a vida e a necessidade profunda de liberdade, inata do homem, cuja satisfação parece ser dificultada pelo karma.

De fato, alguns vêem a lei do karma como um rígido determinismo, um destino inexorável do qual não podemos nos desviar e que acontece independentemente da nossa vontade. Essa interpretação do karma pode nos levar a um estado de passividade, de impotência e de fatalismo que dificulta o nosso processo de realização pessoal e de desenvolvimento da consciência, bem como nos faz acreditar que não existe nenhuma chama de liberdade para o homem.

E, no entanto, desde a infância, o homem sente a necessidade de ser livre, necessidade essa que o leva a buscar o seu verdadeiro eu, a individualizar-se, a crescer segundo a sua real natureza... Trata-se de uma exigência fundamental, que é quase uma "marca" que revela a sua origem divina. Todavia, no decorrer dos séculos, os estudiosos e pesquisadores que se dedicaram ao assunto dividiram-se em dois grandes grupos: um formado por todos os que negaram a possibilidade de liberdade do homem, julgando-a um ideal impossível de ser alcançado, uma utopia; o outro formado por todos aqueles que, ao contrário, fizeram da liberdade a sua bandeira, que lutaram a ponto de sacrificar a própria vida por ela.

Quem está com a razão?

Poderíamos dizer que, em certo sentido, ambos os grupos estão com a razão, pois, se levarmos em conta que o homem é dual, visto que é constituído por uma parte material e por uma espiritual, de fato há nele ao mesmo tempo um aspecto não livre, predeterminado e programado (a personalidade) e um aspecto livre (a sua natureza espiritual).

Os que pertencem ao primeiro grupo consideram apenas o aspecto material e psicológico do homem; os outros, ao contrário, consideram também a dimensão espiritual que, de forma alguma, pode ser programada e determinada e que, portanto, é livre, mesmo sendo ainda Superconsciente.

Ao tentar nos conhecer e nos realizar lançando mão também do conhecimento da lei do karma, deveríamos sempre levar em consideração essa dualidade, procurando distinguir entre aquilo que em nós pertence ao aspecto condicionado e programado e aquilo que, ao contrário, é livre, ou tenta libertar-se. De fato, a liberdade representa um coroamento, uma conquista para o homem. A ela se chega por meio de um longo processo de libertação e de desenvolvimento da consciência.

Em certo sentido, o karma também constitui uma "programação", pois trazemos de outras vidas tendências, características, condicionamentos, hábitos que ficaram impressos nos átomos permanentes dos nossos três veículos. Essa programação nos leva a agir na vida atual segundo sulcos já traçados e, muitas vezes, a cometer os mesmos erros, a nos comportar automaticamente da mesma maneira... Isso deriva do fato de que o karma, na realidade, também segue certas leis psicológicas. Esse aspecto do karma não é muito conhecido, mas tem enorme importância para compreender o seu funcionamento e para poder superá-lo.

Em seu livro *La Dottrina Occulta*, Georges Chevrier traça um interessante paralelo entre o gênese dos automatismos e o karma. Ele diz que toda vez que nós cumprimos uma ação ou desejamos alcançar um objetivo damos uma direção à energia vital que está em nós (em sânscrito essa energia chama-se *Jiva*). Essa direção permanece "impressa" na energia e continua a repetir-se automaticamente, até alcançar o seu efeito. Isso acontece mesmo quando desejamos desenvolver uma faculdade, dirigindo para ela um esforço de vontade.

No início, esse esforço é necessário, mas com o passar do tempo, e sem que saibamos, esse esforço produz os seus efeitos e a faculdade atua. O processo de atuação aconteceu em níveis subconscientes.

A lei do karma segue o mesmo mecanismo; cada uma de nossas ações aciona uma energia voltada para uma direção que, dali para a frente, segue mecanicamente ao longo daquele sulco. Dessa maneira formam-se o nosso caráter, as nossas tendências, os nossos mecanismos, o nosso karma psicológico.

É isso que limita a nossa liberdade.

Talvez esse aspecto do karma pareça novo para quem está acostumado a considerá-lo apenas como conseqüência de ações feitas no passado, e, portanto, como algo que vem do exterior; entretanto, esse é um aspecto muito interessante e esclarecedor que pode nos ajudar a compreender ainda mais os nossos problemas atuais e a superar tantos dos nossos obstáculos e limitações.

Chevrier escreve: "O karma de um indivíduo não se limita às conseqüências das suas ações boas ou más. Ele abraça indistintamente tudo aquilo que é suscetível de criar tendências, de aparecer como predisposições nas existências ulteriores... O karma de um ser humano está todo no conjunto das tendências que o levam a agir em um sentido ou no outro..." (*La Dottrina Occulta*, pp. 30-31.)

Com base nessa nova visão do karma, nada vem até nós de fora, sem um motivo; nós, com o nosso comportamento, com a nossa maneira de ser, é que o atraímos. É como se tivéssemos criado ao nosso redor um campo magnético que atrai à nossa volta situações, pessoas, eventos de um determinado tipo. A família em que nascemos também é efeito desse "campo magnético", que atrai para nós exatamente a situação, as pessoas e também a matéria de que será composto o nosso corpo, e será a mais adequada para expressar os "programas", os *inputs* que criamos em uma vida precedente.

Portanto, o karma pode parecer um determinismo, uma limitação à liberdade, no que diz respeito tanto ao corpo físico (condensado no átomo permanente físico), quanto aos aspectos emocional e mental, e enquanto estivermos identificados com eles seremos incapazes de ser livres.

Em outras palavras, enquanto vivermos na inconsciência da nossa verdadeira natureza e sofrermos as influências desses automatismos inconscientes, dessas tendências e hábitos do passado, seremos prisioneiros de um inexorável mecanicismo que nos levará a repetir os mesmos erros, as mesmas ações e a percorrer novamente os mesmos sulcos já traçados.

Há uma única saída: deixar de se identificar com os veículos pessoais e encontrar aquilo que é livre em nós: o Verdadeiro Eu, o Si Mesmo, que continuamente pressiona para se manifestar e se expressar. É Ele que nos dá a ânsia por liberdade, o impulso para a independência, que no início se manifesta de forma distorcida e confusa como rebelião contra algo ou alguém que acreditamos esteja nos limitando ou nos oprimindo: uma situação, uma autoridade, uma ligação... Buscamos cegamente a independência, a autonomia, sem nos darmos conta de que nós mesmos somos os nossos carcereiros.

Todavia, essa sede de independência, ainda que leve a seguir caminhos errados, é o sinal do impulso interior do Eu que quer atuar e demonstra que o homem é algo "mais" do que os seus aspectos psicológicos, do que os seus instintos, do que as suas necessidades, do que os seus condicionamentos... Inconscientemente, o homem tenta se libertar, mas não consegue porque não se dá conta de que os impedimentos são as suas identificações e os seus mecanismos. Então, responsabiliza o karma, ao qual chama de "destino", esquecendo-se de que foi ele próprio que o criou com as suas ações passadas.

A primeira fase da busca da liberdade é, portanto, dificultada pela identificação com a personalidade, da qual o homem não tem consciência. A liberdade é vista como "liberdade de...". O karma é considerado como uma lei inexorável e ainda não é compreendido e utilizado como um meio evolutivo. É visto como "retribuição" de obscuros e misteriosos fatos que se perdem nas névoas do passado. É quase considerado como "nêmesis" ainda incompreensível.

Na busca da liberdade, muitas vezes há rebelião e individualismo.

A segunda fase tem início quando o homem começa a se dar conta de que está aprisionado pelos seus condicionamentos, à procura da sua autenticidade. Sente a necessidade de se libertar psicologicamente, de "se desidentificar" até alcançar aquele estado interior que Maslow chama de "transcendência psicológica" — o primeiro sinal da verdadeira liberdade, que é de fato "liberdade...".

O homem começa a perceber em si mesmo uma parte livre que se separa da sua parte não livre, como dissemos no início, e começa a fazer a experiência de um centro de consciência que pode observar e ver, desapaixonadamente, os conteúdos psicológicos. É a consciência do Espectador. Chega-se a isso com uma gradativa desidentificação que liberta a consciência dos seus envolvimentos.

A essa altura, podemos começar a compreender se há em nós um "karma psicológico", ou seja, se há em nós marcas profundamente arraigadas, tendências inatas que nos levam a agir segundo impulsos irresistíveis que não sabemos governar e que nos colocam continuamente em situações semelhantes e nos fazem repetir sempre os mesmos erros.

Às vezes, sem nos darmos conta, somos muito apegados a algumas das nossas tendências, a certas manifestações do nosso caráter que julgamos inócuas e lícitas, e que talvez até nos agradem, mas que nos mantêm em um nível de consciência inferior às nossas reais possibilidades...

Não percebemos que alguns dos nossos comportamentos, algumas das nossas características são apenas hábitos, condicionamentos e não correspondem à nossa verdadeira natureza... Talvez sejam características que nos tornam semelhantes aos outros, oriundos de condicionamentos sociais, de modelos exteriores de comportamento, mas que são realmente "nossas".

A esse respeito, gostaria de fazer uma referência à psicologia do comportamento que, a meu ver, é muito limitada visto que classifica os homens e as suas reações segundo determinados estímulos, segundo esquemas e leis fixos. Mas de que tipo de homens se trata? Daqueles homens que ainda não têm a consciência de um Eu autônomo e individual, que seguem os seus instintos como os animais, que respondem a mecanismos inconscientes e, portanto, cujas reações são previsíveis e classificáveis. Esses homens são, na verdade, prisioneiros dos seus automatismos e, portanto, também do karma, pois estão completamente identificados com a personalidade mecânica.

Os resultados da psicologia do comportamento surgiram de pesquisas e de estudos elaborados em animais (macacos, ratos, etc.). O homem, no entanto, não é um animal, não é uma máquina, como demonstrado por um número infinito de seres humanos que se comportaram de uma forma "imprevisível", fora de todo e qualquer esquema e de toda e qualquer classificação, testemunhando a liberdade interior e a origem divina do homem.

A terceira fase do nosso processo de libertação, portanto, não pode ter início apenas quando o centro da autoconsciência emergiu de forma estável e contínua e os dois aspectos do homem, o programado e o livre, estão claramente separados e distintos. Poderíamos dizer que o homem está consciente da sua dualidade, mas não é mais prisioneiro porque "alcançou" a chave para dissolver o determinismo proveniente tanto dos condicionamentos psicológicos desta vida, quanto do karma de vidas passadas. E essa chave é a consciência.

Não mais escravo dos seus mecanismos inconscientes, da "coação para repetir", do círculo vicioso do karma psicológico, o homem agora é capaz de agir segundo o livre-arbítrio, de maneira "imprevisível", individual e criativa. Esse é o momento em que podemos realmente usar o karma para o nosso crescimento e realização, pois podemos utilizar essa liberdade de escolha que se evidenciou em nós por termos alcançado o centro da consciência; liberdade de escolha que se refere à nossa forma de reagir aos eventos e às circunstâncias que vêm ao nosso encontro. Por exemplo, se alguém nos trata com hostilidade e ódio por causa de nossas ações negativas de vidas passadas, podemos reagir mecanicamente com hostilidade e ódio, seguindo o automatismo repetitivo do karma, ou então podemos reagir de forma imprevisível expressando, em vez disso, amor e compreensão. Interrompemos assim, o cego determinismo do karma; rompemos um automatismo inconsciente que nos aprisionava. Eis o nascimento da liberdade, que na realidade é um estado de consciência que nos dá a possibilidade de não ser um instrumento passivo de mecanismos inconscientes, mas de saber decidir a cada vez qual é a postura correta que devemos adotar, qual é a atitude a ser tomada que está em sintonia com a nossa consciência mais profunda, sem permitir que os modelos exteriores de comportamento, as expectativas dos outros, os padrões sociais ou as necessidades e hábitos automáticos nos influenciem.

Foi isso que Victor Frankl fez quando esteve prisioneiro em um campo de concentração. Ele descobriu a liberdade interior justamente quando tudo havia sido tirado dele e ele se encontrava em uma condição de completa escravidão, não apenas física mas também moral e existencial. Estava numa condição em que seria normal deixar-se abater, sentir-se vencido, impotente e chegar a experimentar sentimentos de desespero e de completa anulação; no entanto, teve a experiência da sua dimensão interior mais verdadeira e mais elevada, da sua dimensão espiritual que ele chamou de "noética" e que, segundo a sua visão, é a dimensão verdadeiramente humana. Privado de toda e qualquer liberdade humana, descobriu que havia uma parte de si que não podia absolutamente ser aprisionada e sufocada e que, aliás, justamente naquelas condições de completa escravidão, evidenciava-se com maior esplendor e força. Ele certamente teve a experiência do Eu, sem nem saber. Viveu a alegria da verdadeira consciência que não pode ser oprimida, torturada, sufocada. Compreendeu que aquela situação tão desumana da condição de prisioneiro em um campo de concentração, era justamente a situação necessária para fazer com que tomasse consciência da sua dimensão transcendente e livre. Portanto, reagiu de uma forma imprevisível, usando aquele sofrimento para crescer e para ajudar os outros a crescer. Em certo sentido, dissolveu e superou o seu karma.

Todos nós, mesmo sem chegar a esses extremos de sofrimento, deveríamos aprender a dissolver o nosso karma, compreendendo qual é o mecanismo oculto nele que deve ser superado, e qual é a mudança que devemos fazer.

Victor Frankl descobriu a liberdade interior que ele chamou de "liberdade de atitude", na tentativa de defini-la concretamente. E, de fato, é essa liberdade que temos no fundo de nós mesmos. Nós temos a liberdade de "reagir" da forma que quisermos, de escolher a atitude que mais julgamos oportuna nas diversas situações da nossa vida. Ninguém pode nos tirar essa liberdade.

No momento em que descobrimos esse tipo de liberdade, sentimos uma espécie de iluminação, pois entramos em contato com nossa dimensão mais profunda, com o centro da consciência, que é o reflexo do Eu. Começamos a ver a parte condicionada que há em nós como algo externo e mecânico, e nos damos conta de que é ilusória e sem importância. Não estamos mais ligados a ela porque é algo que pertence ao passado e que, pouco a pouco, está se dissolvendo à luz da nova consciência.

Não nos sentimos mais condicionados e levados pelos velhos mecanismos, pois os aceitamos como resíduos dos velhos erros que, se não são alimentados, se dissolvem.

Entramos, então, na quarta fase, em que começamos a usar conscientemente a "liberdade de..." que alcançamos, para imprimir conscientemente novos *inputs* em nós, segundo a vontade do Eu e segundo a nova consciência que nos faz compreender qual é a utilização correta das energias que estão em nós. Aprendemos também a transformar o karma em meio evolutivo, não apenas aceitando-o, mas extraindo dele todo o significado operativo e dinâmico.

Se é verdade que o karma é, na realidade, uma "lei do reajustamento", ou seja, um impulso que tende a restabelecer a harmonia e o equilíbrio originais, devemos procurar decifrar e descobrir qual é a harmonia que perturbamos com os nossos erros e adequar-nos ao impulso de reajustamento que o nosso karma nos indica. Liberdade com relação ao karma significa exatamente isso: render-se a ele, aproveitá-lo, não nos opondo ou tomando atitudes de rebeldia, mas "dançando criativamente com ele".

Se conseguirmos tomar essa atitude o sofrimento será atenuado, o atrito desaparecerá e toda circunstância, toda provação, revelará a sua mensagem de renovação, de criatividade, de alegria.

A nossa ânsia por liberdade, então, revelará o seu verdadeiro objetivo, a sua real natureza, a sua marca divina, visto que não é apenas um impulso para nos realizarmos na nossa verdadeira individualidade, não é apenas a busca de independência e de transcendência psicológica como um fim em si mesma, mas é uma "liberdade para...", ou seja, é um processo de libertação de tudo o que nos limita e nos dificulta a adesão à vontade Superior, ao Propósito Divino, do qual as nossas vontades individuais são reflexos e canais.

Essa é a quinta e última fase da busca de liberdade em que finalmente compreendemos que o reajuste que o nosso karma nos indica é a harmonização entre a nossa vontade e a Vontade Divina, entre o nosso conceito de liberdade e a verdadeira Liberdade, que é aquela que deriva da perfeita sintonia entre o humano e o divino. E isso somente pode ser alcançado com o desenvolvimento da verdadeira consciência: a consciência do Eu.

Capítulo 12

A LEI DOS CICLOS À LUZ
DA CONSCIÊNCIA

"Deus respira e a Sua vida pulsante
emana do Coração Divino e se manifesta
como energia vital em todas as formas.
Ela flui pulsando nos seus ciclos, por
toda a natureza... Isso constitui a
inalação e a expiração divinas."

A. A. Bailey, *Trattato di*
Magia Bianca, p. 582

Quando examinamos as grandes leis esotéricas e universais do ponto de vista relativo e limitado, como é de costume, nos damos conta apenas do "como" elas funcionam e não do "porquê". Isso se deve ao fato de as examinarmos com a mente concreta, vendo-as como manifestações objetivas, exteriores que devemos aceitar de qualquer maneira. Entretanto, se nos detivermos por alguns instantes e refletirmos, procurando compreender o seu verdadeiro significado e o seu real objetivo, começamos a perceber que por trás delas há uma realidade mais profunda, um propósito bem definido que derivam de uma Vontade Divina que as emanou. Sentimos, ainda, que nós também estamos ligados a esse Propósito, a essa Vontade. De fato, à medida que a nossa verdadeira consciência se desenvolve, sentimos que essas leis existem também dentro de nós e que podemos vivenciá-las e usá-las como meios de crescimento e de realização pessoal. Ao examinar a lei dos ciclos (que está estritamente relacionada com as leis examinadas até o momento, ou seja, a da evolução, a da reencarnação e a do karma), devemos adotar essa atitude interior, buscando, no entanto, vê-la internamente, como um meio de formação, em vez de considerá-la apenas do ponto de vista cognitivo e teórico.[1]

De fato, todos os dias constatamos a existência da lei dos ciclos, pois toda a nossa vida é permeada por ritmos, por fluxos e refluxos, por um movimento de alternâncias cíclicas, de periodicidades tanto no nível coletivo quanto no nível individual, tanto no macrocosmo quanto no microcosmo.

Nós aceitamos esses ciclos como algo natural: o dia e a noite, a vida e a morte, a rítmica alternância das estações, as fases lunares... e se "viajamos" mentalmente pelo cosmos observamos os ciclos mais amplos dos astros, das galáxias, das constelações, etc...

No entanto, o que mais nos impressiona é a periodicidade dos nossos estados interiores, os fluxos e refluxos emocionais e mentais e alternância dos movimentos da energia psíquica do consciente para o inconsciente e do inconsciente para o consciente e, se formos mais sensíveis, o rítmico movimento das energias que ocorre entre o Eu e a personalidade

---

1. Ver também o Capítulo VIII do meu livro *Alla Ricerca della Verità.*

que cria fases alternadas de interiorização e de exteriorização.

Será que já nos perguntamos que significado tem tudo isso, qual é a origem desse movimento cíclico, qual é o seu fim, qual o seu segredo?

Voltando à origem, como fizemos com todas as demais leis examinadas até o momento, vemos que o Absoluto também se manifesta ciclicamente e o seu ato, chamado nos livros esotéricos de "idealização cósmica", é como uma respiração formada de dois movimentos, expiração e inspiração, involução e evolução: a grande respiração de Brahma, segundo a poética expressão oriental.

O fato mais importante, entretanto, é que, ao sair do seu estado de imobilidade e de descanso, o Absoluto não apenas dá início à "respiração cósmica", mas também à dualidade universal. De fato, ele emana os primeiros dois opostos: o espírito e a matéria, que representam a Sua Vontade ativa e a Sua Vontade passiva, as "duas colunas do templo universal". Esses dois opostos darão origem, mais tarde, a todas as outras polaridades que existem na manifestação em todos os níveis, do macrocosmos ao microcosmos, e que interagem continuamente entre si, criando o movimento cíclico e rítmico de tudo o que existe.

Em *La Dottrina Occulta*, de Chevrier, está escrito:

"...é o jogo dos opostos que dá à manifestação da vida o seu caráter essencialmente rítmico e periódico, da vibração atômica até a evolução total de um universo segundo as suas duas fases: descendente e a ascendente... Nada na criação existe a não ser como ritmo e nada mais do que ritmo." (p. 42)

Os ciclos, qualquer que seja a sua natureza, refletem esse "jogo dos opostos", que é a própria essência da vida na manifestação, um jogo que tem um objetivo bem específico e do qual o homem é o símbolo mais evidente e significativo. De fato, ele revive em si mesmo essa polaridade universal, sem ter consciência disso no início, mas descobrindo, gradativamente, a sua existência e o seu significado profundamente esotérico.

Cada ciclo tem duas fases, uma ativa, centrífuga, e a outra passiva, centrípeta; uma "involutiva" e a outra "evolutiva", em sentido simbólico, e isso acontece tanto nos ciclos coletivos que dizem respeito a toda a humanidade, quanto nos ciclos individuais, que dizem respeito ao homem em sua individualidade.

É preciso deixar claro, porém, que o termo "involutivo" não é usado com um significado negativo, mas para indicar um movimento que vai de dentro para fora, do centro para a periferia, do estado receptivo para o estado ativo.

Se tomarmos como exemplo o ciclo "vigília-sono", perceberemos que, na fase de vigília, a consciência volta-se para o exterior, a energia vital dirige-se para a expressão ativa e a atenção se concentra na direção do mundo objetivo e físico. Já na fase de sono, a consciência volta-se para o interior, para o repouso e passividade, e a atenção, ainda que não tenhamos consciência disso, se concentra no mundo subjetivo e psíquico.

Portanto, quando a consciência no estado de vigília se volta para o mundo físico, ela sofre uma "involução", visto que é limitada pela sua identificação com o cérebro e pela necessidade de observar, de controlar e de cair sobre o mundo objetivo e material. Ao passo que, quando se retira do mundo dos fenômenos durante o sono, volta-se para a sua dimensão mais compatível, a psíquica e espiritual, que nós chamamos de "inconsciente", pois habitualmente não a percebemos. Ela se liberta, então, das ligações materiais, das necessidades de se preocupar com o corpo e com o mundo exterior e, portanto, sofre uma "evolução".

Todavia, uma vez que não temos consciência desses movimentos interiores, não sabemos utilizá-los de verdade. Mantemos essas duas fases separadas, impedindo uma verdadeira interação entre elas, e criamos uma separação, um diafragma entre vigília e sono e, portanto, uma desarmonia, o que aumenta a dualidade e, muitas vezes, o conflito e a oposição.

As duas fases de cada ciclo e os dois pólos de cada dualidade, na realidade, não são opostos, mas complementares, ou seja, não podem existir um sem o outro e não têm nenhum significado e objetivo quando tomados separadamente.

Esse é o segredo da evolução que o homem deve descobrir durante o seu longo caminho terreno, vida após vida, e que lhe é continuamente proposto sob infinitos aspectos e formas, com modalidades e experiências diversas, com símbolos e energias que ele deve aprender a interpretar e a viver em sua consciência.

Outro ciclo muito importante e significativo que o homem deve aprender a perceber e a usar é o constituído pelas fases lunares. Esse ciclo é formado por dois períodos, o que vai da Lua Nova à Lua Cheia e o que vai da Lua Cheia à Lua Nova. Esse ciclo não apenas influencia o nível físico (como foi constatado pela ciência dos biorritmos), tanto no que diz respeito à natureza em geral, quanto no que diz respeito ao homem, mas influencia também o nível psicológico e espiritual, criando um ritmo interior, uma espécie de fluxo e refluxo das energias sutis, do Eu à personalidade e da personalidade para o Eu.

A Lua e o Sol, de fato, são símbolos da personalidade e do Eu, respectivamente. Esses símbolos estão em contínua relação polar, constituindo uma polaridade de opostos que devem, por fim, integrar-se e fundir-se.

No período que vai da Lua Nova à Lua Cheia, chamado de "Lua Crescente", as energias da personalidade "sobem" rumo ao Eu, o "sol", cuja luz penetra nos veículos e ilumina gradativamente e com várias fases a Lua, ou seja, a personalidade. Esse período culmina com a Lua Cheia, que constitui o momento de completa sintonia e iluminação. Nesse momento, a ocasião é favorável para se ter um contato mais profundo com o Eu, para receber as Suas energias luminosas e vivificadoras e dar um passo em frente no caminho da auto-realização.

Durante o período que vai da Lua Cheia à Lua Nova, as energias espirituais se retiram, a Lua decresce (como se costuma dizer) e o homem em sua consciência sente-se menos receptivo à parte espiritual, mais distante do Eu, e tende a voltar cada vez mais a sua atenção para a personalidade e para o mundo objetivo; às vezes ele experimenta uma sensação de obscuridade e de depressão, ou mesmo uma desvitalização, que culmina no dia da Lua Nova.

Nesse caso também se verifica um ritmo de "evolução" e "involução", de interiorização e de exteriorização, como no ciclo vigília-sono, que simbolicamente reflete a "grande respiração de Brahma", que regula toda a manifestação.

Devemos nos conscientizar desse ritmo interior para poder usá-lo, compreendendo o seu objetivo, que é o de nos levar ao equilíbrio e à harmonia entre o Eu e a personalidade, entre a vida interior e a vida exterior, entre o Espírito e a Matéria.

Não devemos viver as duas fases como se fossem contrastantes ou representassem uma cisão irreparável, mas como duas modalidades através das quais se exprime o Ser, sendo ambas necessárias para o nosso desenvolvimento e para alcançarmos a totalidade.

Em geral, vivemos as duas fases de cada ciclo sucessivamente no tempo, durante períodos mais ou menos longos, identificando-nos ora com uma ora com a outra fase, a tal ponto que, quando uma mudança de rota — que prenuncia a manifestação da segunda fase — se aproxima, nos opomos a isso, provocando em nós mesmos uma crise mais ou menos grave.

O mesmo acontece, por exemplo, com um dos mais importantes ciclos, o da vida e da morte, que não deveriam ser considerados em oposição, mas como dois aspectos de uma única realidade: a Vida Total.

Tememos a morte e a ela nos opomos com todas as nossas forças, porque aceitamos que é o fim da vida, um abismo obscuro e desconhecido, cheio de mistérios aterradores.

Na realidade, vida e morte são dois aspectos de uma totalidade, "duas posições da consciência", como diz Sri Aurobindo, que não podem subsistir uma sem a outra, como a vigília e o sono, o consciente e o inconsciente, etc... Enquanto estamos vivos, interiormente já estamos "mortos", estamos nos preparando para um renascimento, para entrar em um novo corpo, porque o Espírito sem a matéria é incompleto.

Era isso o que um Mestre zen queria dizer quando exortava um dos seus discípulos com as seguintes palavras:

"Enquanto viver, seja um homem morto, completamente morto."

Cada ciclo é um movimento rotatório repetitivo que, aparentemente, sempre segue o mesmo percurso; na realidade, ele segue um movimento em espiral, que cada vez mais se restringe e tende a ascender. Cada volta da espiral, mesmo na fase aparentemente regressiva e involutiva, nos leva mais para o alto, e se aproxima cada vez mais do centro.

Toda evolução, toda manifestação, segue esse movimento cíclico em espiral, ondulando ritmicamente entre um impulso centrífugo e um impulso centrípeto, mas, no fim, as duas fases de cada ciclo irão se sobrepor e poderá ocorrer a *contemporaneidade* dos dois aspectos. Esse será o momento da plena auto-realização, da descoberta da totalidade, em que Espírito e Matéria reencontrarão a Unidade.

Capítulo 13

O GRANDE ÍMÃ OU A LEI
DA ATRAÇÃO

"... É impalpável, invisível, sem forma,
sem cor, sem temperatura, silenciosa como
o pensamento. E, no entanto, nada pode
destruí-la ou diminuí-la. Ela é a lei das leis
e manifesta a Vontade por excelência,
a Vontade Suprema do Grande Todo."

Maurice Maeterlink,
La Grande Legge, p. 22

A descoberta determinante que fazemos quando conseguimos ver todas as sutis relações e analogias que ligam as grandes leis universais (em qualquer nível que se manifestem) ao mundo do Espírito nos leva a uma abertura de consciência e a uma mudança total em nossa forma de considerar a realidade. Essa descoberta é que *a manifestação é um todo inter-relacionado, em que nenhuma parte é mais importante e fundamental do que as outras*. E isso ocorre porque "o todo está em cada coisa e cada coisa está no todo" (Sri Aurobindo).

Na linguagem cristã, essa é a doutrina da "onipresença de Deus" em termos budistas, é a experiência da "*compe-*

netração", ou seja, da perfeita fusão de todas as partes do universo.

De fato, todas as leis que estamos examinando estão inter-relacionadas, e cada uma delas é a demonstração dessa unidade e dessa Divina Onipresença.[1]

Meditar a respeito dessa verdade desperta em nós uma sensibilidade particular, uma capacidade intuitiva que vai além do mundo material, ou seja, desperta em nós "o senso esotérico". Essas palavras, na realidade, indicam o poder, latente no homem, de perceber a realidade por trás das aparências, de entrar no mundo dos significados e das leis superiores e de ver tudo como projeção e símbolo do Divino.

Essa faculdade desenvolve-se à medida que o homem perde a identidade com relação à sua percepção sensorial, a seus condicionamentos mentais, e se aproxima da consciência do Eu por meio da meditação, com a purificação e com a transformação de si mesmo.

Apresentei essa premissa antes de começar a falar da lei da atração, porque essa lei é tão importante e fundamental quanto todas as outras que já examinamos e está estritamente relacionada com elas por seguir a mesma tendência para a unidade, para a fusão, para a compenetração à qual já nos referimos há pouco. O exame dessa lei só nos faz confirmar a interdependência de tudo o que existe.

Se examinarmos a lei da atração do ponto de vista científico, vamos vê-la como força de gravidade, como magne-

---

1. É a Unidade da Vida de que falamos nos Capítulos 4 e 5.

tismo, como coesão, etc., mas podemos apenas estudar os efeitos, os incontáveis fenômenos por ela produzidos em todo o cosmos e sob infinitos aspectos; não podemos compreender a sua origem, a sua causa, a sua essência e talvez seríamos levados a dizer, como Newton: "Exceção feita para o braço de Deus, não conheço na natureza nenhum poder capaz de produzir um momento como este."

Na verdade, a força de atração é tão misteriosa, que a própria ciência fica perplexa e surpresa diante dela.

Basta dizer que "... não podemos invertê-la, detê-la nem reduzir a sua marcha... Ela penetra por toda a Terra e poderia penetrar por uma espessura de milhões de quilômetros de chumbo... É inexorável e inesgotável..." (De *La Forza più Misteriosa dell'Universo*, de Ronald Schiller.)

As doutrinas esotéricas afirmam que a origem dessa força de atração reside no Uno, em Deus, de quem ela emana, demonstrando mais uma vez que tudo o que acontece no plano material é o reflexo e o símbolo de realidades espirituais e divinas.

Deus é o "Grande Ímã" para o qual tudo o que foi por Ele criado tende a retornar, impulsionado por uma irresistível força de atração que nada pode deter.

No homem, essa lei encontra o seu exato reflexo, e por isso nós podemos compreender e verificar o que acontece no nível transcendente, observando e estudando a nós mesmos.

É um dos postulados fundamentais do esoterismo que

macrocosmos e microcosmos sejam "unos" e que tudo o que acontece em cima também ocorra embaixo.

A lei da atração no homem, além de atuar no nível físico, também atua no nível psicológico e no nível espiritual quer em sentido interior quer em sentido exterior.

De fato, o processo evolutivo humano, como o de toda a manifestação, é uma gradativa passagem da multiplicidade para a unidade, da desordem para a ordem.

Interiormente, é o Eu que funciona como "ímã" e, na verdade, à medida que se manifesta torna-se o "centro de síntese" dos vários aspectos e energias da personalidade, que se harmonizam, se integram em um todo único.

Entretanto, esse é apenas o primeiro passo do processo de unificação para o qual a lei da atração nos leva silenciosa mas inexoravelmente, visto que o homem deve superar o isolamento da sua individualidade separada estabelecendo relações de união e de integração também com outros homens, com a natureza, com o Universo, com Deus.

Ainda que não nos demos conta, somos continuamente impulsionados pela lei da atração na direção dos outros e do Todo, mas interpretamos de maneira limitada e distorcida essa atração, chamando-a às vezes de "amor", às vezes de "amizade", às vezes de "solidariedade", necessidade de se comunicar, etc., dando porém a esses termos o significado que o nosso estado de consciência do momento nos permite lhes dar.

A palavra "amor", por exemplo, é utilizada muito freqüentemente para nomear apenas instinto sexual ou necessidade de apoio, ou apego egoísta e possessivo, ou projeção de uma carência inconsciente, etc., enquanto deveria significar "união", que leva à viva participação com a interioridade, com a essência do outro, com a conseqüente capacidade de *dar a si mesmo*, de abrir-se, de integrar-se e de harmonizar-se *no Eu*.

Por isso, deveríamos tentar observar atentamente a nós mesmos para descobrir os sinais reveladores dessa lei da atração, que nos leva a sair do nosso eu para nos dirigir aos outros e ao Eu, e utilizá-la para o desenvolvimento da nossa consciência e para a nossa autoformação de um modo consciente e criativo.

Antes de mais nada, devemos saber que o campo em que atua a lei da atração, no que diz respeito ao homem e ao seu desenvolvimento, é o campo da consciência. Em outras palavras, a passagem da divisão, da separação, da multiplicidade para a integração, para a associação, para a unidade, ocorre por meio de sucessivas expansões da consciência e de gradativas sínteses.

O princípio da síntese, de fato, está estritamente relacionado com a lei da atração. Aliás, poderíamos dizer que a síntese é o método, a técnica que nos norteia a realizar aquilo que a força de atração quer obter, ou seja, uma consciência cada vez mais ampla e inclusiva.

Além de ser a expressão da verdadeira consciência, o Eu individual também é um "centro de síntese" no homem e, à medida que a Sua realidade se manifesta, todas as energias, todas as funções, todos os aspectos pessoais se "recompõem" em um todo harmônico, como se fossem atraídos por um poderoso ímã. Nesse "todo harmônico", todavia, ainda que se forme uma unidade, todo aspecto conserva a sua função e o seu lugar, cooperando com os outros aspectos em um intercâmbio criativo e dinâmico de energias, sob a orientação do Eu.

É muito importante ter isso em mente para compreender que "síntese" não significa passar de uma multiplicidade diferenciada para uma unidade monótona e indiferenciada, que anula e apaga todas as notas e todas as diferenças, absorvendo-as todas em si. Em vez disso ela significa literalmente "composição", ou seja, um todo em que cada nota, cada cor, cada aspecto *tem o seu lugar certo e a sua verdadeira função*, relacionando-se e cooperando com todas as outras partes. Isso faz com que o resultado seja uma nova entidade de caráter complexo, mas unificada e harmônica...

Esse processo chama-se também integração.

A integração é o meio pelo qual se chega à síntese e à criação de uma nova entidade complexa.

Pode parecer difícil compreender tudo isso, mas, na realidade, é simples, pois trata-se de um processo que se realiza continuamente, ainda que não tenhamos consciência disso, quer em sentido subjetivo no interior da nossa personalidade, quer entre nós e os outros, quer em sentido vertical, entre nós e Deus, e o Todo.

De fato, uma vez encontrado o nosso centro de síntese, o Eu, e uma vez ocorrida dentro de nós uma integração de todos os aspectos entre si, criando uma personalidade harmônica, e dessa personalidade com o Eu, a atração nos leva a criar integração e síntese também com relação aos outros homens e tem início, então, o desenvolvimento da consciência de grupo, ou seja, da expansão da consciência em sentido horizontal.

Desenvolve-se em nós, gradativamente, uma capacidade de criar relações interpessoais harmônicas, de compreender os outros e de cooperar com eles, de amá-los, de sentir a sua essência profunda, de integrar-nos com eles em um intercâmbio fecundo de energias, que se aproxima cada vez mais da unidade e da harmonia.

"O homem é um ser que vive de relações, e cresce por meio das relações interpessoais", escreve Roberto Assagioli.

A adaptação social, de fato, é uma necessidade profundamente enraizada no espírito humano e exprime esse impulso para se completar, para se integrar em um todo que é o reflexo do movimento silencioso e poderoso da grande lei da atração.

Ainda que não percebamos, nos movemos lentamente na direção de um Centro, que é a Origem, a Causa, o Motor Primeiro de tudo o que existe. Nós nos movemos rumo ao Uno, rumo ao Grande Ímã que, como o Eu do homem no microcosmos, tende a recriar uma totalidade harmônica, uma "composição" universal, em que todas as unidades individuais tenham o seu lugar e a sua expressão.

Devemos nos tornar conscientes desse impulso e, como fizemos com outras leis, utilizá-lo e vivê-lo como meio de desenvolvimento em cada momento da jornada.

O nosso isolamento ilusório, a nossa separatividade, o nosso eu cercado por barreiras devem ser superados se quisermos entrar em sintonia com a "Vontade Suprema do Grande Todo" e com a Atração de Deus que é o Seu Amor.

Por trás de cada uma das nossas relações, por trás de toda ânsia de se completar, por trás de cada sentimento de solidão está a única grande necessidade: a de reunir-se a Deus, que nos atrai continuamente para Ele. Essa não é uma atitude "mística", não é uma tentativa de fugir da realidade contingente, mas é compreender que Deus está em todas as coisas, em todas as pessoas, em todas as manifestações da vida... Unir-se a Deus significa unir-se à humanidade e unir-se à vida, a cada expressão da vida, e deixar-se transportar pela onda de Amor que nos leva a nos abrir e a nos expandir.[2]

---

2. Para outros aspectos e informações a respeito da lei da atração, sugiro a leitura do Capítulo X do meu livro *Alla Ricerca della Verità*, no qual falei a respeito do assunto, inclusive do ponto de vista cognoscitivo.

Capítulo 14

O CAMINHO DA
EXPERIÊNCIA DIRETA

*"O estado de conhecimento que a ioga
prevê não é... uma simples concepção
intelectual... É uma realização,
no pleno sentido da palavra..."*
Sri Aurobindo, *La Sintesi dello Yoga*,
Vol. II, p. 24

No seu livro *Avere o Essere?*, Erich Fromm escreve que o homem tem o conhecimento da verdade, mas o reprime. Disso resulta que o inconsciente conhece mais a verdade do que o eu consciente. E, aqui, com o termo "inconsciente" entende-se não a parte instintiva, arcaica do homem, mas *tudo o que ele é potencialmente*, a sua plenitude, a sua parte transcendental, o seu verdadeiro ser...

Com essa afirmação, aparentemente paradoxal, Erich Fromm demonstra ter intuído o que os grandes e os iluminados de todos os tempos reconheceram, ou seja, que "conhecer é lembrar".

Portanto, o que temos de fazer para poder chegar ao verdadeiro conhecimento é, como sempre dissemos, desenvolver a consciência, o que nos permitirá fazer emergir do fundo de nós mesmos a realidade. Isso significa "viver a experiência direta".

Tudo o que dissemos no decorrer desse livro tinha como objetivo nos fazer compreender que podemos viver essa experiência direta e transformar os nossos conhecimentos teóricos em "consciência" e em realização.

O que significa exatamente o termo "realização"?

Significa expressar e manifestar em si mesmo, na vida e na própria maneira de ser, aquilo que se conheceu e se compreendeu com a mente. Significa, portanto, "materializar" e "fazer encarnar" as verdades esotéricas, as convicções fideístas, superando assim o dualismo entre o Eu e a personalidade, entre o Espírito e a Matéria.

O método que pode favorecer essa realização é a experiência direta, que está estritamente relacionada com o desenvolvimento da consciência.

Adquirimos a capacidade de viver a experiência direta por etapas, passando por sucessivas tomadas de consciência do nosso mundo interior. De fato, o caminho que pode nos conduzir mais diretamente ao desenvolvimento dessa capacidade é o "conhecimento de nós mesmos", como sempre afirmamos. A seguir, podemos estender essa nossa capacidade também ao conhecimento dos outros, e ao conhecimento das leis universais e esotéricas que regem a vida.

Poderíamos dizer, portanto, que há três campos principais em que se pode exercitar a faculdade da experiência direta. São eles:

1) O nosso espaço interior até chegar à realização do Eu.

2) Os outros, percebidos em sua verdadeira essência.

3) O universo, com as suas leis metafísicas e a sua relação com o Uno.

Examinemo-los rapidamente:

1) Experiência direta do nosso espaço interior, baseada no conhecimento psicológico de nós mesmos, que pode resultar na realização do Eu.

Esse tipo de experiência direta consiste em uma gradativa tomada de consciência do nosso mundo psíquico, da nossa maneira de ser, dos nossos valores reais, das nossas aspirações autênticas, da nossa "natureza intrínseca", das potencialidades latentes, do centro de consciência, do Ser profundo de natureza espiritual oculto dentro de nós... E essa gradativa tomada de consciência é uma "experiência direta", porque não é um conhecimento racional dos próprios conteúdos interiores, mas é um "viver" e um "sentir" realmente aqueles conteúdos, que antes eram inconscientes. De fato, tornar-se consciente de alguma coisa, significa *tornar-se* aquela coisa. Dessa maneira, quando por fim vivemos a "experiência" do Eu, tornando-nos conscientes dele, *nós nos tornamos o Eu e* superamos a dualidade aparente e ilusória entre o eu pessoal e o Eu.

Essa experiência é a que Sri Aurobindo chama de "identidade", ou seja, a completa identificação com o Eu e o reconhecimento da nossa verdadeira essência.

2) *Experiência direta da verdadeira essência dos outros.*

Na relação com os outros, quase sempre enfrentamos os nossos conteúdos psicológicos, as nossas interpretações racionais, as nossas necessidades e carências, as nossas "projeções". Não vemos os outros como são realmente, mas como "acreditamos" que sejam, ou como "gostaríamos" que fossem. Não podemos conhecer realmente o outro e, portanto, fazer "uma experiência direta" da sua real natureza, se não nos libertarmos da espessa cortina de necessidades, de carências, de condicionamentos, de racionalizações, de projeções que se interpõem entre nós e ele.

Maslow afirma: "A percepção plenamente desinteressada, livre de desejo, objetiva e holística de um outro ser humano é possível somente quando não precisamos nada dele, somente quando não temos necessidade dele." (*Verso Una Psicologia dell'Essere*, p. 45.)

Em outras palavras, devemos criar a relação com o outro, não em bases interessadas, provenientes de necessidades e de carências inconscientes, mas em bases de aceitação e de compreensão da individualidade e da liberdade do outro. Com muita freqüência ocorre que nós, sem nos darmos conta, não "aceitamos" o outro como um ser distinto de nós, mas apenas como um "ente gratificante", que pode nos dar alguma coisa, ou corresponder a algum dos nossos "modelos" inconscientes. Não gostamos da pessoa por aquilo que ela realmente é, mas por aquilo que o nosso inconsciente "imagina" que seja, projetando um conteúdo nosso sobre ela. Dessa maneira, na realidade, "amamos a nós mesmos".

Somente se conseguirmos superar nossas necessidades mais ou menos conscientes, e ver o outro na sua realidade e diversidade, poderemos estabelecer uma relação verdadeira e ter a "experiência direta" da sua verdadeira natureza.

"O pressuposto fundamental para o nascimento de uma relação verdadeira é que cada um entenda o seu interlocutor como *esse homem*, verdadeiramente como *esse homem*. Eu percebo a sua intimidade, percebo que ele é diferente, essencialmente diferente de mim, neste modo determinado e característico, que lhe é único. E aceito o homem que percebi, de forma que com toda a seriedade posso dirigir-lhe a palavra como é em sua essência." (Martin Buber: *Il Principio Dialogico*, p. 215.)

3) Experiência direta de leis, de realidades, de energias universais e esotéricas.

Falamos a respeito desse tipo de experiência e de realização no decorrer deste livro, colocando em evidência a diferença que existe entre o conhecimento intelectual das verdades metafísicas e esotéricas, e a tomada de consciência de que elas são leis da vida e devem ser vividas e realizadas em nós mesmos.

Enfatizamos suficientemente o fato de que o conhecimento puramente teórico não tem nenhum valor para a própria realização, pois não produz amadurecimento e transformações interiores; aliás, pode se tornar um obstáculo no caminho do desenvolvimento da consciência real, visto que pode criar condicionamentos mentais, preconceitos e dogmatismo, e impedir a pesquisa e o aprofundamento de ulteriores conhecimentos.

A essa altura surge de maneira espontânea a pergunta: "Quais são os métodos e meios que podem nos ajudar a desenvolver a capacidade de viver a 'experiência direta'?"

O método principal, como já dissemos, é o desenvolvimento da consciência, que tem início com a auto-análise, com a interiorização, com o conhecimento de si mesmo, e que pode servir-se de técnicas como a desidentificação e a meditação.

Todavia, podemos nos fundamentar também em outros meios, como por exemplo o contínuo e paciente uso do discernimento, tanto no que se refere a nós mesmos, quanto no que diz respeito ao mundo objetivo, entre o nível do *ser* e o do *ter*.

Não é fácil definir o "ser". Podemos dizer, em termos gerais, que essa dimensão se refere a tudo o que é livre, autêntico, não condicionado, impessoal, universal, e que, portanto, é permanente, estável, imutável, real.

Por outro lado, o "ter" refere-se a tudo aquilo que é temporário, ilusório, construído, não autêntico, não livre, exterior, mutável, limitador, que produz vínculo, etc.

Saber discriminar entre o ser e o ter significa, portanto, desenvolver uma particular sensibilidade para diferenciar o que é real do que é irreal, o que é permanente do que é passageiro, aquilo que é absoluto daquilo que é relativo, aquilo que pertence ao plano do Eu daquilo que pertence ao plano da personalidade. Além disso, leva a desenvolver a capacidade de ver os significados por trás das aparências, e de passar dos efeitos às causas...

Em outras palavras, ajuda a desenvolver a capacidade de viver a experiência direta, não apenas com relação a nós mesmos e ao nosso mundo interior, mas também com relação às outras pessoas, aos eventos da vida e às leis esotéricas, fazendo-nos "tocar com a mão" e *viver* essas leis no dia-a-dia.

Os orientais são mestres nessa modalidade de consciência e de realização interior; de fato, jamais afirmam ou negam uma teoria ou uma lei, mas sempre conservam uma atitude de liberdade interior, de objetividade, de ausência de julgamento, de abertura mental, à espera de poder fazer uma efetiva *experiência direta* daquela teoria ou daquela lei. Por isso, eles jamais respondem categoricamente a qualquer pergunta que se refira aos conhecimentos doutrinários, mas dizem: "Experimente."

Nós ocidentais, ao contrário, encontramos dois obstáculos principais ao desenvolvimento da capacidade de experiência direta e de realização interior:

1) a devoção excessiva
2) a racionalização excessiva

O primeiro é um obstáculo que se impõe às pessoas emotivas, com inclinações místicas, e que fundamentam as suas convicções na confiança, na autoridade de um Mestre, de uma escritura sagrada, de uma fé religiosa, pelo qual sentem reverência e devoção. Essa atitude não permite buscar na própria interioridade e na própria consciência as verdades e as leis espirituais, tendo assim uma experiência verdadeira delas, e leva a aceitar passivamente e indiscriminadamente tudo o que venha de fora.

O segundo obstáculo pode levar a convicções mentais que podemos confundir com realizações. Por outro lado, pode, com o jogo da lógica, com as elucubrações intelectuais, afastar-nos do verdadeiro conhecimento e impedir que a luz da intuição e da consciência penetrem na nossa mente.

Para poder alcançar uma verdadeira experiência interior, seja de que tipo for, é preciso criar o vazio e o silêncio nos veículos pessoais, e libertar-nos dos condicionamentos, das ilusões, e dos preconceitos.

Além disso, devemos aprender a ir ao encontro das circunstâncias da vida com uma atitude de "aceitação", de "escuta", de abertura, para que elas possam nos revelar a sua verdadeira mensagem e nos permitir *entrar dentro delas*, descobrindo assim a realidade que escondem.

Devemos nos tornar sensíveis ao mundo das energias e das forças, que regem tudo aquilo que existe e não nos deter nas exterioridades e nas formas.

As coisas, as pessoas, os eventos devem ser experimentados "a partir de dentro", com a consciência e com o Ser.

Somente assim poderão nos revelar a sua realidade profunda, o seu explendor oculto, o seu ensinamento.

Esse é o caminho da experiência direta.

Capítulo 15

DA CONSCIÊNCIA À FELICIDADE

"Da felicidade nasceram todos esses
seres; pela felicidade eles existem
e crescem; para a felicidade eles retornam."
Taittiriya Upanishad, III. 6

À medida que, por meio da experiência direta, desenvolvemos a consciência, descobrimos que no fundo do nosso ser autêntico existe a felicidade. De fato, os orientais dizem que o Eu pode ser definido como *Sat-Chit-Ananda*, ou seja, "Existência-Consciência-Felicidade".

Em todas as religiões, em todas as escolas esotéricas de todos os tempos, sempre se deu a máxima importância à felicidade espiritual, à alegria da *Anima*, e se julgou que a tristeza, a angústia, a depressão, a dor derivam de um estado de escuridão, de inconsciência, de afastamento de Deus.

De fato, do ponto de vista psicológico, a dor é sintoma de identificação com estados não-autênticos de apego, de ilusão, de insatisfação, de conflito interior. Já dissemos em outro capítulo que a dor é "um produto da consciência", é um estado subjetivo, ainda que inevitável, e permeia todo o longo caminho evolutivo do homem, até ele despertar para a sua verdadeira natureza.

Diz Annie Besant: "Em um ser perfeitamente harmonizado a dor não pode existir. Com o término da luta, termina também a dor, pois esta deriva da desarmonia, do atrito, dos movimentos antagônicos e, onde toda a natureza age em perfeita harmonia, não se verificam as condições que dão origem à dor." (*Sapienza Antica*, p. 313.)

Todavia, conforme já tive oportunidade de dizer, a dor por um longo período de tempo é inevitável, e, aliás, necessária, porque o homem é inconsciente de si mesmo e do verdadeiro objetivo da vida e, portanto, não aceita as provações, as dificuldades, as renúncias, as separações que inevitavelmente encontra em seu caminho. A dor o perturba, desperta-o, faz com que reflita, produz a necessária purificação interior, leva-o ao desapego e, por fim, abre-lhe a porta rumo à verdadeira consciência, a do Eu.

O homem, em geral, não aceita o sofrimento porque no fundo de si mesmo ele sente que tem direito à felicidade e à alegria. No entanto de toma a direção errada na busca dessa felicidade, porque ainda não tem consciência dos valores reais e absolutos. Busca a felicidade em estados temporários e ilusórios, nos objetos exteriores, em conquistas e sucessos efêmeros e não sabe que a verdadeira felicidade é uma condição subjetiva, é a nota dominante do Eu, que se revelará de forma espontânea e natural no momento do despertar da verdadeira consciência.

Mesmo antes desse momento, porém, podemos começar a intuir e, às vezes, até mesmo a perceber vislumbres dessa "felicidade", que é diferente de qualquer outro estado de felicidade, de alegria, de gaudio, de prazer, que podemos experimentar no nível pessoal.

A felicidade que provém do Eu tem uma "nota" particular e inconfundível que transforma e ilumina todo o nosso ser e, mesmo nada tendo de emocional, é quente, vibrante, cheia de entusiasmo e de vida. Além disso, pode subsistir também juntamente com a dor, que é vista, naquele momento, como algo de externo, de objetivo, de não essencial.

Mas, vamos seguir certa ordem.

A meta da felicidade espiritual é precedida de gradativos sucessos, que podem ser comparados a simbólicos "degraus" que subimos interiormente, à medida que a nossa verdadeira consciência se manifesta libertando-se dos obstáculos, dos condicionamentos, dos véus que a ofuscam. Esses "degraus" representam cada um uma qualidade indispensável para a conquista da felicidade. São eles:

1. Confiança
2. Compreensão
3. Aceitação
4. Desapego
5. Paz interior
6. Seriedade
7. Felicidade

1. A *confiança* surge do conhecimento. De fato, com essa palavra não se pretende indicar "fé" passiva e devocional, mas certeza e convicção profundas, visão clara e com-

143

preensão de cada situação quer interior quer objetiva. O conhecimento de que falamos não é, portanto, puramente teórico, mas empírico e "afetivo" (é como o chama Spinoza) e inclui tanto o conhecimento de si mesmo, quanto o conhecimento do significado da vida, das leis universais e das várias interpretações esotéricas. A confiança, entendida nesse sentido, é a base necessária para poder iniciar o caminho do crescimento interior de maneira construtiva, sem ilusões, dúvidas ou medos.

Do ponto de vista psicológico, o medo e a angústia surgem no homem quando ele "não tem uma visão clara" da sua situação interior, quando ele não se conhece profundamente e vive os seus conteúdos inconscientes como uma ameaça. Não conhecer e não se conhecer é como caminhar no escuro, às apalpadelas, com passos incertos e cheios de terror dos misteriosos perigos e insídias que podem, repentinamente, agredi-lo. O conhecimento é a luz que nos faz enxergar onde colocar os nossos pés e que pode nos dar a visão da meta.

Patanjali, nos seus *Sutra Yoga*, diz que o obstáculo principal para a realização do Eu é a ignorância, *avidya*, que torna o homem incerto, passivo e cheio de dúvidas.

Não devemos nos esquecer de que a verdadeira realização não é uma elevação mística de caráter puramente emocional, mas é um despertar de consciência, uma mudança total, que atinge todos os três veículos, o físico, o emocional e o mental. Se o emocional se eleva, mas o mental duvida e o físico é impuro, como poderemos ter a plena realização do Eu?

A confiança que surge do conhecimento é sólida, luminosa, construtiva, e sobre ela podemos construir as outras qualidades necessárias, que nos levam a subir rumo à felicidade espiritual.

2. A *compreensão* é o segundo degrau. Ela brota de uma forma natural da confiança e se baseia na consciência. De fato, o conhecimento de que falamos há pouco e que é "empírico" e "afetivo", desenvolve pouco a pouco em nós a verdadeira consciência. Assim, podemos realmente *compreender* o verdadeiro objetivo e o real significado de tudo o que acontece, compreender a nós mesmos e aos outros, compreender aquilo que há por trás das aparências exteriores, compreender o jogo das energias sutis, que se movem dentro e fora de nós, compreender as motivações que nos impulsionam a agir, compreender o sentido do sofrimento e do conflito, compreender os símbolos que nos rodeiam...

A compreensão tem um amplo raio de ação e de influência e esclarece tudo o que toca. Ela é permeada de sabedoria e de amor, e, mesmo usando a mente, não é sua prisioneira; ela vai além até transformar-se em intuição.

3. A *aceitação* avança passo a passo com a compreensão. Se compreendemos, aceitamos; e se aceitamos, compreendemos. Aceitar, como já dissemos várias vezes, não significa resignar-se, suportar passivamente. Significa colaborar conscientemente com a situação, transformá-la de negativa em positiva, trabalhar com ela para fazer com que dela "surja" a consciência. Essa maneira de ser pode ser vista na pessoa

que tem uma personalidade relativamente purificada e liberta de ilusões e que começa a sentir a necessidade autêntica do divino, e, conseqüentemente, uma verdadeira "aspiração" espiritual, uma sensibilidade para os valores reais e essenciais. Não se pode ter aceitação se não se tem, simultaneamente, esse tipo de aspiração vertical, esse impulso para o auto-aperfeiçoamento, para reencontrar o Eu Real. E isso leva, pouco a pouco, a subir o quarto degrau, que é o desapego.

4. O *desapego* é uma qualidade que deve ser bem compreendida em sua verdadeira essência para não se incorrer em interpretações errôneas. Ela não é indiferença, renúncia, insensibilidade, frieza, negação de si mesmo; é o resultado da desidentificação; ou seja, da libertação das identificações e envolvimentos do eu nos estados psicológicos, nas energias pessoais, nas situações externas, nos condicionamentos e nas ilusões; a desidentificação leva ao desapego, compreendido como capacidade de "ver" com objetividade os próprios conteúdos pessoais, de "discriminar" entre aquilo que é real e aquilo que é irreal, entre aquilo que pertence ao Eu e aquilo que pertence à personalidade, entre aquilo que é permanente e aquilo que é relativo e efêmero. O desapego permite reencontrar o centro de consciência autêntico e libertar-se das projeções, bem como fazer emergir a consciência livre e clara do Espectador, ou Testemunha.

5. A *paz* é o resultado do desapego e da desidentificação,

e é a famosa característica da Testemunha interior. É um estado de perfeita tranqüilidade, de quietude, de silêncio, de *imobilidade interior*, que surge da superação dos conflitos, dos dualismos, das dúvidas, das incertezas e é permeada de força, de segurança, de abandono ao Divino... É um silêncio, mas não um vazio, porque ela é uma espera confiante, quase uma escuta de uma espécie de música interior "sem sons", mas permeada de vibrações, de ondas calmas, suaves, doces, harmônicas.

A paz interior é silêncio, relaxamento, abandono confiante, mas não é só isso. Ela é um prelúdio para um outro degrau, que é o da serenidade.

6. A *serenidade* difere da paz pelo fato de que não é apenas um estado de quietude, de silêncio, de abandono confiante, mas é um estado de "consciência", de lucidez, de clareza, que começa a refletir (ainda que esporadicamente) algum reflexo da alegria do Eu. Quando alcançamos a serenidade, todos os problemas nos aparecem em sua perspectiva correta, tudo é visto nas proporções exatas, e todo evento, todo movimento de energias nos revela a harmonia e a justiça do Divino.

Não podemos sentir a alegria do Eu, se antes não conquistarmos a serenidade, um estado de consciência estável, duradouro, inamovível, de perfeito equilíbrio e de profunda consciência.

Sri Aurobindo chama esse estado de consciência de "equanimidade" (*samatha*) e a define da seguinte forma: "...

uma inalterabilidade de espírito e de pensamento diante de todos os acontecimentos agradáveis ou desagradáveis, na derrota e no sucesso, na honra e na desgraça, na boa e na má sorte." (*La Sintesi dello Yoga*, Vol. I, p. 202)

Portanto, a serenidade não se limita ao plano emocional, mas invade também o corpo mental, dando-lhe clareza, lucidez, exata compreensão e, sobretudo, sabedoria e discernimento. Todavia, a serenidade não é fria; ela nos torna capazes de ser otimistas, bem-humorados, alegres, sorridentes, mesmo nas adversidades... Nos dá força para não dramatizar, torna leves os sofrimentos mais graves, e, o mais importante, ela se comunica com os outros e nos torna mais amorosos, compassivos e dispostos a participar.

A serenidade é o estado preparatório para o despertar da consciência do Eu, que não pode ocorrer se ainda houver perturbações, conflitos e dúvidas.

7. A *felicidade* é característica do Eu triunfante em seu pleno esplendor, quando, afinal, explode na nossa consciência. Não há palavras para descrevê-la, pois é uma experiência subjetiva, que não pode ser comparada a nenhum outro tipo de felicidade ou de alegria pessoais.

É plenitude, cumprimento, realização, exultação. É o reencontrar-se, após uma longa noite cheia de dor e de lutas, com o Ser luminoso e Divino que habita dentro de nós. É libertação de todos os problemas, é visão clara da Realidade. É harmonia total, amor por tudo e por todos, frescor, espontaneidade, inocência, criatividade...

Todavia, as palavras não traduzem a essência real dessa alegria, que muitos tentaram descrever com termos inadequados.

Em seu livro tantas vezes citado, *Verso Una Psicologia dell'Essere*, Maslow também tentou fazê-lo, mas não conseguiu totalmente. O que ele conseguiu foi nos dar sobretudo uma noção dos efeitos colaterais dessa realização com algumas frases felizes, das quais cito uma: "Trata-se de algo que tem qualidade cósmica ou divina... Poder-se-ia tranqüilamente chamá-la de feliz alegria, ou jovial exuberância, ou delícia. Tem uma qualidade pungente... Há nela certa nota de triunfo, e, às vezes, também de alívio. Ela é simultaneamente madura e infantil." (*Verso Una Psicologia dell'Essere*, p. 118.)

No entanto, a verdadeira alegria do Eu nada tem de emocional e não se baseia na satisfação de necessidades pessoais, ou em realizações de desejos; ela brota da libertação de todas as necessidades e de todos os desejos humanos, de todos os apegos e ilusões que impedem a nossa verdadeira essência de revelar-se; brota da conscientização de que somente nesse momento podemos expressar totalmente os nossos reais potenciais de amor, de criatividade, de harmonia, de união, de sabedoria, de conhecimento.

A alegria está unida ao Ser e a Consciência na tríade Sat-Chit-Ananda, pois apenas no reencontro do nosso Ser divino com a verdadeira Consciência podemos experimentar o júbilo e a bem-aventurança presentes no fundo de nós mesmos.

Portanto, o caminho que devemos percorrer para conseguir essa realização é o do desenvolvimento gradativo da consciência, por meio do conhecimento, da formação pessoal, da desidentificação, com uma clara visão de nós mesmos e do significado da vida, confiantes no Divino Eu que nos levará das trevas para a Luz, da dor para a alegria.

Bibliografia

BAILEY A. A. *Trattato di Magia Bianca* (Edizioni Nuova Era, Roma)

BAILEY A. A. *Trattato sui Sette Raggi* (Edizioni Nuova Era, Roma)

BAILEY A. A. *Trattato del Fuoco Cosmico* (Edizioni Nuova Era, Roma)

BATÀ A. M. *Alla Ricerca della Verità* (Edizioni Nuova Era, Roma). [*À Procura da Verdade*, publicado pela Editora Pensamento, São Paulo, 1984.]

BATÀ A. M. *La Via del Tao* (Edizioni Nuova Era, Roma). [*O Caminho do Tao ou a Harmonia dos Opostos*, publicado pela Editora Pensamento, São Paulo, 1996.]

BATÀ A. M. *Il Sé e i suoi Strumenti di Espressione* (Edizioni Nuova Era, Roma). [*O Eu e seus Instrumentos de Expressão*, publicado pela Editora Pensamento, São Paulo, 1994.]

BESANT A. *Rincarnazione* (Edizioni Sirio, Trieste). [*Reencarnação*, publicado pela Editora Pensamento, São Paulo, 1983.]

BESANT A. *Le Leggi Fondamentali della Teosofia* (Edizioni Sirio, Trieste)

BESANT A. *La Sapienza Antica* (Edizioni Sirio, Trieste)

BESANT A. *Studio sulla Coscienza* (Edizioni Sirio, Trieste). [*Um Estudo sobre a Consciência*, publicado pela Editora Pensamento, São Paulo, 1988.]

BLAVATSKY H. P. *La Chiave della Teosofia* (Edizioni Sirio, Trieste)

BLAVATSKY H. P. *La Dottrina Segreta* — Vol. I (Edizioni Bocca, Torino). [*A Doutrina Secreta*, publicado pela Editora Pensamento, São Paulo, 1980.]

BUBER M. *Il Principio Dialogico* (Edizioni Comunità, Milano)

CAPRA F. *Il Tao della Fisica* (Edizioni Adelphi, Roma). [*O Tao da Física*, publicado pela Editora Cultrix, São Paulo, 1980.]

CHEVRIER G. *La Dottrina Occulta* (Edizioni Monanni, Milano)

DE CHARDIN T. *Il Fenomeno Umano* (Edizioni Rizzoli). [*O Fenômeno Humano*, publicado pela Editora Cultrix, São Paulo, 1988.]

DU NOUY L. *L'Uomo e Il suo Destino* (Edizioni Bompiani)

DETHLEFSEN T. *Il Destino come Scelta* (Edizioni Mediterranee, Roma). [*O Desafio do Destino*, publicado pela Editora Pensamento, São Paulo, 1989.]

DETHLEFSEN T. *Vita dopo Vita* (Edizioni Mediterranee, Roma)

FRANKL V. *Uno Psicologo nel Lager* (Edizioni Ares, Milano)

FROMM E. *Avere o Essere?* (Edizioni Mondadori, Milano)

HEAD J. e S. L. CRANSTON. *La Reincarnazione* (Edizioni Longanesi, Milano)

KELSEY D. e GRANT J. *La Catena delle Esistenze* (Edizioni Astrolabio, Roma)

MAETERLINK M. *La Grande Legge* (Edizioni Laterza, Bari)

MAZZINI G. *Concilio a Dio* (conferência)

MASLOW A. *Verso Una Psicologia dell'Essere* (Edizioni Astrolabio, Roma)

MEAD G. S. *Plotinus*

PATANJALI. *Sutra Yoga* (Edizioni Bocca, Torino)

RAMACHÁRACA. *La Suprema Sapienza* (Edizioni Bocca, Torino)

SATPREM. *L'avventura della Coscienza* (Edizioni Galeati, Imola)

SRI AUROBINDO. *La Sintesi dello Yoga* — Vol. I, II, III (Edizioni Astrolabio, Roma)

STEINER, R. *La Scienza Occulta* (Edizioni Laterza, Bari)

VAN DER LEEUW J. J. *Il Fuoco della Creazione* (Edizioni Promoteo, Firenze)

WALKER R. *L'insegnamento di Gurdieff* (Edizioni Astrolabio, Roma)

WATTS A. *Il Significato della Felicità* (Edizioni Astrolabio, Roma). [*O Significado da Felicidade*, publicado pela Editora Pensamento, São Paulo, 1983.]

O TAO DA FÍSICA
Um Paralelo Entre a Física Moderna e o Misticismo Oriental
Fritjof Capra

Este livro analisa as semelhanças — notadas recentemente, mas ainda não discutidas em toda a sua profundidade — entre os conceitos subjacentes à física moderna e as idéias básicas do misticismo oriental. Com base em gráficos e em fotografias, o autor explica de maneira concisa as teorias da física atômica e subatômica, a teoria da relatividade e a astrofísica, de modo a incluir as mais recentes pesquisas, e relata a visão de um mundo que emerge dessas teorias para as tradições místicas do Hinduísmo, do Budismo, do Taoísmo, do Zen e do I Ching.

O autor, que é pesquisador e conferencista experiente, tem o dom notável de explicar os conceitos da física em linguagem acessível aos leigos. Ele transporta o leitor, numa viagem fascinante, ao mundo dos átomos e de seus componentes, obrigando-o quase a se interessar pelo que está lendo. De seu texto, surge o quadro do mundo material não como uma máquina composta de uma infinidade de objetos, mas como um todo harmonioso e "orgânico", cujas partes são determinadas pelas suas correlações. O universo físico moderno, bem como a mística oriental, estão envolvidos numa contínua dança cósmica, formando um sistema de componentes inseparáveis, correlacionados e em constante movimento, do qual o observador é parte integrante. Tal sistema reflete a realidade do mundo da percepção sensorial, que envolve espaços de dimensões mais elevadas e transcende a linguagem corrente e o raciocínio lógico.

Desde que obteve seu doutorado em física, na Universidade de Viena, em 1966, Fritjof Capra vem realizando pesquisas teóricas sobre física de alta energia em várias Universidades, como as de Paris, Califórnia, Santa Cruz, Stanford, e no Imperial College, de Londres. Além de seus escritos sobre pesquisa técnica, escreveu vários artigos sobre as relações da física moderna com o misticismo oriental e realizou inúmeras palestras sobre o assunto, na Inglaterra e nos Estados Unidos. Atualmente, leciona na Universidade da Califórnia, em Berkeley.

A presente edição vem acrescida de um novo capítulo do autor sobre a física subatômica, em reforço às idéias por ele defendidas neste livro.

EDITORA CULTRIX

À PROCURA DA VERDADE

Angela Maria La Sala Batà

Neste livro estão reunidas e comentadas todas as grandes Leis cósmicas que regem a nossa vida.

Embora inconscientemente, o homem está sujeito a todas essas grandes Leis, pois é o microcosmo que reflete em si o macrocosmo.

O estudo das muitas analogias que ligam o indivíduo ao Universo leva-nos, pouco a pouco, a compreender o significado e a validade dessas Leis e a conhecer a harmonia, o equilíbrio, o autocontrole e o amor que regem a nossa vida em todos os níveis.

A autora, que dedicou mais de vinte e cinco anos de sua vida aos estudos espiritualistas, não pretende ensinar teorias novas ou introduzir novos métodos, mas transmitir, com palavras simples, aquele tanto de verdade que ela soube entrever e que parte, acima de tudo, de seu coração e de sua intuição.

EDITORA PENSAMENTO

A DOUTRINA SECRETA

HELENA PETROVNA BLAVATSKY

Primeira edição integral em língua portuguesa

VOL. I

COSMOGÊNESE

VOL. II

SIMBOLISMO ARCAICO UNIVERSAL

VOL. III

ANTROPOGÊNESE

VOL. IV

O SIMBOLISMO ARCAICO DAS RELIGIÕES
DO MUNDO E DA CIÊNCIA

VOL. V

CIÊNCIA, RELIGIÃO E FILOSOFIA

VOL. VI

OBJETO DOS MISTÉRIOS E PRÁTICA
DA FILOSOFIA OCULTA

EDITORA PENSAMENTO

O DESAFIO DO DESTINO

Thorwald Dethlefsen

Thorwald Dethlefsen responde neste livro à eterna pergunta da humanidade sobre o significado da vida e do destino com base em antigos conhecimentos secretos — da astrologia, da cabala, da alquimia e da magia — sobre os quais fundamenta a sua psicologia.

Embora as ciências físicas e naturais se tenham desenvolvido a partir dos conhecimentos secretos — a alquimia levou à química e a astrologia resultou na astronomia — os cientistas de hoje se ocupam, no máximo, com a parapsicologia enquanto explicação razoável para os fenômenos paranormais, não tomando conhecimento de nada que aconteça fora do âmbito das leis científicas.

Thorwald Dethlefsen desafia as ciências naturais modernas na medida em que lhes opõe sua visão esotérica do mundo. Sua psicologia, apresentada ao leitor de maneira clara e compreensível, faz com que este entenda melhor o significado da vida.

O desafio do destino responde, ainda, a todas as perguntas básicas sobre astrologia, homeopatia e reencarnação. Mediante o confronto do homem moderno com esse conhecimento primordial, cada leitor pode descobrir o caminho que o levará a assumir a responsabilidade pelo próprio destino.

* * *

Thorwald Dethlefsen é psicólogo diplomado pela Universidade de Munique e alcançou grande renome com seus livros e com o documentário feito para a televisão: "Vivemos apenas uma vez?" Atualmente, dirige o "Privatinstitut für Ausserordentliche Psychologie". [Instituto particular para psicologia fora do comum] de Munique.

EDITORA PENSAMENTO

REENCARNAÇÃO

Annie Besant

A filosofia esotérica afirma a existência de um princípio permanente e individualizado, denominado Alma, Espírito ou Ego, que habita e anima o corpo humano, e que, com a morte deste e a permanência do Ego num longo repouso nos planos mais elevados, passa a encarnar-se em outro corpo humano. Deste modo, as vidas corporais sucessivas se enlaçam como pérolas num fio, sendo este fio o princípio sempre vivente e as pérolas as numerosas e diversas existências humanas na terra.

Em alguns livros *exotéricos* orientais afirma-se que a Alma transmigra das formas humanas para as animais e pode passar a outras formas mais ínfimas, como as vegetais e as minerais, mas a filosofia *esotérica* repele de maneira absoluta essas informações, por serem irracionais e se oporem frontalmente às leis básicas da Natureza. O Ego humano não pode encarnar-se senão em formas humanas, por serem estas as únicas que oferecem condições adequadas ao exercício de suas funções; jamais pode viver em corpos animais, nem retroceder para o estado de bruto, porque isso seria espiritualmente comparável à regressão de um adulto a um estado menos que infantil.

Tais afirmações *exotéricas* só podem ser interpretadas no sentido alegórico de que um homem pode degradar-se moralmente a tal ponto que poderia ser comparado aos brutos irracionais, como o ilustram as próprias Escrituras cristãs (Jó 25:6; Mat. 7:6; 10:16, e Apo. 22:15).

O inverso se diz de outros animais, aparentemente mais evoluídos, que por suas qualidades peculiares têm sido comparados a Anjos, a Divindades e aos quatro Apóstolos evangelistas (Ez. 1:9, 10, 13, 15-18; Mat. 3:16; Apo. IV:6-8; V:6, 9, 12 e segs.).

A autora, profunda conhecedora do assunto, desenvolve-o magistralmente.

EDITORA PENSAMENTO

UM ESTUDO SOBRE A CONSCIÊNCIA

Annie Besant

As múltiplas atividades de Annie Besant — tão variadas quanto a de líder feminista, de segunda presidente da Sociedade Teosófica e de defensora das liberdades da Índia, seu país de adoção, para só citar algumas — se consubstanciaram também nos muitos livros que escreveu, entre os quais este, cujo subtítulo — *uma contribuição à psicologia* — define bem os seus objetivos.

Como tudo o que Annie Besant fez com vistas a lutar pelo progresso do homem, o valor primordial de toda a sua obra escrita, acima de qualquer tendência, de qualquer critério intelectual, está no grande amor que demonstra pelo seu semelhante e na sua constante preocupação por levá-lo à felicidade mais perfeita.

A feitura deste livro, escrito quando a psicologia como ciência dava ainda seus primeiros passos, constitui uma prova dessa sua preocupação. Confirmando, também neste caso, o seu pioneirismo, Annie Besant vai buscar na sabedoria milenar da Índia os elementos básicos sobre os quais constrói a sua teoria.

Como afirma no prefácio, com este trabalho ela "pretende apenas ajudar os estudiosos que investigam o crescimento e o desenvolvimento da consciência, oferecendo-lhes recomendações e sugestões que porventura se mostrem úteis".

EDITORA PENSAMENTO

O SIGNIFICADO DA FELICIDADE

Alan Watts

O tema deste livro é a realização da "felicidade" no sentido aristotélico e tomístico do verdadeiro fim ou destino do homem, sentido esse que denota a união com Deus ou, para dizê-lo conforme a precisão da terminologia oriental, harmonia com o Tao ou Moksha, ou ainda, o Nirvana. Esta particular e suprema condição de felicidade não resulta da ação, advindo, pelo contrário, do conhecimento. A imprescindível lição de Alan Watts é que a esfera da ação poderá exprimir tal felicidade, nunca porém conquistá-la.

Apoiados no Zen, no Tao, no Cristianismo, enfim no Budismo que, inúmeras vezes, ele esmiuçou com a compreensão de um iluminado, os trabalhos de Alan Watts, todos eles carregados de flagrantes capazes de despertar a consciência mais embrutecida, por um tempo a perder de vista, ainda servirão de rumo às pessoas que se esforçam por alcançar a clareza de pensamento.

EDITORA PENSAMENTO

Outras obras da autora:

O CAMINHO DO ASPIRANTE
ESPIRITUAL

O CAMINHO DO TAO ou a
Harmonia dos Opostos

O DESENVOLVIMENTO DA
CONSCIÊNCIA

DO EU INFERIOR AO EU
SUPERIOR

O ESPAÇO INTERIOR DO
HOMEM

O EU E O INCONSCIENTE

O EU E SEUS INSTRUMENTOS
DE EXPRESSÃO

GUIA PARA O
CONHECIMENTO DE SI
MESMO

MATURIDADE PSICOLÓGICA

MEDICINA PSICO-ESPIRITUAL

Outras obras de interesse:

SE VOCÊ QUER, VOCÊ PODE!
Eneida Lermen

A VERDADE ESTÁ DENTRO
DE VOCÊ
Darío Lostado

A VIDA COMO UM PROCESSO
DE APRENDIZADO
Stephanie Merges

AS SETE ETAPAS DE UMA
TRANSFORMAÇÃO
CONSCIENTE
Gloria D. Karpinski

UM CAMINHO PARA
COMEÇAR DE NOVO
Ingrid Olbricht e *Ursula
Baumgardt*

JORNADA RUMO À
CONSCIÊNCIA
Charles Breaux

GUIA PARA UMA
CONSCIÊNCIA SUPERIOR
Ken Keyes, Jr.

COMO DESENVOLVER O
PODER DA MENTE
Arthur Winter e *Ruth
Winter*

COMO SUPERAR NOSSAS
BARREIRAS
Will Parfitt

Peça catálogo gratuito à
EDITORA PENSAMENTO
Rua Dr. Mário Vicente, 374 - Fone: 272-1399
04270-000 - São Paulo, SP